RAUS!
NUR RAUS!

↳ **Unterwegs zu Lieblingsorten der Hamburger Literatur**

Fort! Nur fort! rief Heinrich Heine, der »Anno 1829« der Stadt mit dem »Schellfisch-seelenduft« schnellstmöglich den Rücken kehren wollte. Doch heute? Raus! Nur raus! wollen wir und Hamburg neu entdecken. 53 literarisch Umtriebige führen an ihre Herzensorte und erzählen persönliche Geschichten – Eskapaden, Erinnerungen, Episoden aus einem Leben für die Literatur.

Die Behörde für Kultur und Medien und das Literaturhaus Hamburg haben das Projekt im Sommer 2020 verwirklicht, um in der hiesigen Literaturszene weiter zu stärken, was längst stark ist: den Zusammen-halt, die Solidarität, das Miteinander. Der Erlös dieses Buches fließt direkt in die Lite-ratur in Hamburg.

Das literarische Hamburg lädt ein zum Verweilen, Erleben, Flanieren, Besinnen – und zum Weiterlesen.

Viel Freude beim Entdecken wünschen die Herausgeberinnen Antje Flemming und Carolin Löher

↳ **Besinnen**

↳ **Mitnehmen**

Sebastian Stuertz
Autor

MAGISCHER ORT:
DIE BUCHHANDLUNG LÜDERS
↳ **Mitnehmen**

Das erste Mal betrat ich die Buchhandlung, um eine Lesung von Vea Kaiser zu besuchen. Das winzige, verwinkelte Geschäft schien aus alten Regalen gebaut zu sein, bis unter die Decke mit Büchern vollgestopft, Goldlettern auf den Rücken, was mich an das Antiquariat aus »Die unendliche Geschichte« denken ließ. Zu dem Zeitpunkt hatte ich noch eine Woche bis zur Abgabe meines Debütromans und so betrachtete ich alles mit den Augen eines Autors, der von einer Lesung an einem solch magischen Ort nur träumen konnte.

Mein Roman erschien dann leider im März 2020 während der Corona-Pandemie, ohne Buchmesse, ohne Lesungen. Doch im Mai meldete sich ausgerechnet Ragna Lüders bei mir und lud mich zu einer Online-Lesung ein. Anschließend bat sie mich noch, meine Bücher zu signieren, was ich besonders ausführlich tat, um möglichst viel Zeit dort im Laden verbringen zu können. Während ich stundenlang Widmungen für Unbekannte schrieb, wurde ich mit Tee, später mit Wein versorgt. In der folgenden Nacht träumte ich von einer Buchhändlerinnen-Geheimgesellschaft, die man an kompliziert gearbeiteten Schlüsseln erkannte, welche in andere Welten führten. Im Traum trug auch Ragna einen um den Hals und nickte mir verschwörerisch zu. ✕

📖 **Nr. 1**
Heußweg 33, 20255 Hamburg, buchhandlunglueders.de

POETISCHE ANFÄLLE: DIE U3
↳ **Flanieren**

Praktische lyrische Momente gestatte ich mir nie. Fast nie. Vielleicht, weil ich nicht selbst versuchen will, was andere besser können. Die Welt in schöne Worte fassen. Theoretisch habe ich sie aber, die poetischen Anfälle. Dann, wenn ich mit der Bahn unterwegs bin, in der U3, wenn ich die Stadt durchfahre, mal unten, mal oben. Eine urbane, touristische, alltägliche Verdunstung meines bewussten Selbst: Während ich durch große Scheiben auf die Herrlichkeit Hamburgs gucke, auf Elbe, Eppendorfer Prunk oder Bierlachen und Kotze am Bahnsteig auf St. Pauli, bin ich in der HVV-Trance. Zu der gehören auch die Menschen um mich rum, die anderen Teilnehmer des Transits, sie sind das Begleitpersonal meiner romantischen Anwandlungen: ein Gedicht, diese große Stadt!

Aber hier soll es ja vor allem um literarische Orte gehen. Ganz prosaisch gesprochen, ist die U3 zwischen Rödingsmarkt und Hoheluftbrücke dann doch meistens kein Ort der gedanklichen Abschweifung. Nein, ich arbeite hier. Ich lese Bücher, ich fälle Urteile, ich formuliere Sätze im Kopf, die analytisch sind und nicht lyrisch. Ein paar Notizen im Buch helfen, dass ich nicht alles vergesse, nachdem ich ausgestiegen bin. Es ist halt alles flüchtig, hier in der U3.

📖 **Nr. 2**
U3, hvv.de

Thomas Andre
Literaturkritiker, Hamburger Abendblatt

Lubi Barre
Autorin

FREEDOM IS A BAR: LÜTT DÖNS

↳ **Verweilen**

Freedom is a small room bar located in her upscale neighborhood. First seen forlornly as she pulled a single kinderwagen then a double kinderwagen. Her body feeding others, her heart and mind longing for the days she was inside walls like those, drinking with abandon, with no responsibilities followed slowly by mornings that were neglected through slumber.

Domestication drove her to find the time to write late in the evenings. After the children were laid to sleep and she gingerly rolled off the bed with religious calm, she exhaled loudly as she cycled away from the weight of the day. She made her way to this small room, with its fixed bar flies and successful alcoholic husbands who either never went home yet or also escaped like her in the late evening light. She found a table in the corner and put on her headphones, prepared for another sort of weight that needed to be shifted and inked. After writing, she discovered the stories of others, the name of this small room christened in Plattdeutsch. An island, she learned, surrounded by monied homes, where beer and wine flowed in the throats of those seeking refuge. Like her.

So, each Monday night, she cycled with abandon to this small room where the weight of the day met with weight of her words, »Lütt Döns« both a permission and a bridge. Freedom. ✕

 Nr. 3
Reventlowstraße 64 a, 22605 Hamburg, luettdoens-hamburg.de

HÄUSCHEN IM PARK: DAS HEINE-HAUS
↳ **Flanieren**

»Hätt' er gelernt was Rechtes, müsst' er nicht schreiben Bücher.« Eigentlich hatte er sich eine ordentliche Ausbildung für den Neffen gewünscht. Dafür holte der Bankier und Mäzen Salomon Heine seinen Neffen Harry 1816 nach Hamburg. Aber weder im Bankhaus noch in der eigens für ihn eingerichteten Tuchhandlung »Harry Heine & Comp.« entwickelte der Neffe Geschäftssinn. Die Cousine Molly hatte ihm den Kopf verdreht, und er bevorzugte, über die unerwiderte Liebe zu dichten: »Schöne Wiege meiner Leiden« ist Hamburg dem jungen Mann. Und auch sonst fühlt er sich nicht wohl in der Hansestadt: »Wahr ist es, es ist ein verludertes Kaufmannsnest hier, Huren genug, aber keine Musen.« Nach drei Jahren verlässt Harry Hamburg. Obwohl aus ihm kein Kaufmann geworden ist, unterstützt der Onkel ihn zeitlebens großzügig. Heute erinnert im Park an der Elbchaussee nur noch ein Karree aus Eiben an die ehemalige Villa des Onkels. Erhalten ist das 1832 erbaute Gartenhäuschen. Aus einem Fenster lugt Salomon Heine auf die Straße. Nicht nur Hamburg hat dem äußerst großzügigen Mäzen viel zu verdanken – auch die Literatur: Aus dem gescheiterten Kaufmann Harry wurde der Dichter Heinrich Heine. ✕

🗺 **Nr. 4**
Elbchaussee 31, 22765 Hamburg,
heine-haus-hamburg.de

Petra Bamberger
Programmleiterin,
Harbour Front Literaturfestival

ZUKUNFT OFFEN: DIE SCHILLEROPER

↳ **Besinnen**

Wenn ich heute auf das verfallende Gebäude schaue, kann ich kaum glauben, was für ein lebendiger, vibrierender Kulturort die Schilleroper einmal war.

Noch unglaublicher ist aber ihre wechselvolle Geschichte: 1891 als Zirkus erbaut (mit Artistenwohnungen, Elefantenställen und Platz für mehr als tausend Zuschauer), wurde sie als Theater und Oper genutzt, dann als Lager für Kriegsgefangene und als Notunterkunft. Die letzte Aufführung in der Rotunde war 1951 eine Motorradshow, danach diente der Bau als Hotel, Arbeiterunterkunft und Lagerhalle, 1975 brach ein Feuer aus. Seitdem streiten Eigentümer und Stadt um die weitere Nutzung, ein Abriss ist wegen seiner Denkmalwürdigkeit ausgeschlossen.

Ab 1997 fand sich im Foyer die sehr ausgeprägte Subkultur der Stadt ein und verwandelte den Ort zu einer der spannendsten Locations Hamburgs. Die kuschelige Atmosphäre der Schilleroper ist inzwischen legendär, die Menschen stapelten sich auf den alten Sofas, lauschten zahlreichen Lesungen, DJs und hochkarätigen Konzerten, viele heute prominente Schreibende wie Musizierende waren dort regelmäßig zu treffen, vor oder hinter dem Tresen. 2006 war dann Schluss. Ein magischer Ort, dessen Zukunft völlig offen ist. ✕

📖 **Nr. 5**
Bei der Schilleroper 16, 22767 Hamburg,
schilleroper.com, schilleroper-ini.blogspot.com

Daniel Beskos
Verleger, mairisch

Reimer Boy Eilers
Autor

KALT WIE IN EINER KONSERVE: DIE SUBBÜHNE

↳ **Erleben**

Als ich den Leseort zum ersten Mal betrat, war ich erschrocken und gerührt zugleich. Erschrocken von der kalten Brutalität, der sich die Literatur aussetzen sollte, und gerührt von dem Authentischen, dem Stimmigen dieses Weltkriegsbunkers, in dem eine Lesung zum Antikriegstag am 1. September stattfand. Und nach anderthalb Stunden war ich froh, dass draußen Hamburger Schmuddelwetter herrschte statt Spätsommer, und wir durch diesen Umstand alle – Lesende wie Zuhörerschaft – einigermaßen warm angezogen waren. Denn in der »Subbühne«, wie der Ort sich nannte, war es kalt wie in einer Konserve. Oder, wem die Fantasie mit den Texten davon eilte, der mochte auch sagen, kalt wie in einem Leichenschauhaus.

Mitten in Eppendorf geht es 15 Meter tief in den Untergrund, und dann betritt der gespannte Gast den einzigen erhaltenen Zwei-Röhren-Bunker der Hansestadt, je 20 Meter lange betongraue Schläuche. 1995 – zum 50. Jahrestag des Kriegsendes – haben Michael Batz und Gerd Stange die »Subbühne« aus der Taufe gehoben. Sie wollten eine »körperlich erfahrbare, begehbare Plastik« schaffen, »ein rhythmisches Unterbrechen eines versteinerten Dialogs«. Manchmal gelingt es der Literatur in dieser »Subbühne«. ✕

🗺 **Nr. 6**
Tarpenbekstraße 68, 20251 Hamburg,
geschichtswerkstatt-eppendorf.de

AUS DER ZEIT GEFALLEN: DER ANLEGER
↳ **Verweilen**

Gut versteckt zwischen den Gewerbehallen einer sechs-spurigen Straße findet sich ein Hinterhof, der eher nach Drogenhandel und Bandenkriminalität aussieht als wie der Vorhof zum Paradies. Tatsächlich aber blitzt dort, wo man allenfalls eine Industriebrache vermutet, plötz-lich feiner weißer Sand zwischen den Mauern, und träge wogendes glitzerndes Wasser lockt direkt in die perfekte Simulation gleich mehrerer Sehnsuchtsorte. Die Zehen im Sand vergraben, ein Bier in der Hand, wird der Blick vom Vorbeiziehen der Boote angenehm schwer und die Gedanken fliegen. Bei Regen erinnert das Pladdern der Tropfen auf dem Segeltuch an pubertäre Zeltromantik, bei Sonne ist hier Ballermann. Dabei ist der »Anleger«, den es übrigens schon seit 1919 gibt, eigentlich nur ein Bootsver-leih mit Büdchen, Liegestühlen und Lounge-Sesseln, aber er kann Schreibende, Lesende und Alltagsflüchtende zu allen möglichen und unmöglichen Orten begleiten. Kein Wunder, ist der »Anleger« ja selbst so ein Ort, der ganz nach Gusto und tagesaktueller persönlicher Befindlichkeit zwischen sanfter Poesie und schwitzigem Sozialrealismus changiert: irgendwie dazwischen und auf allerschönste Art aus der Zeit gefallen. ✕

📖 **Nr. 7**
Deelbögenkamp 2–3, 22297 Hamburg,
anleger-hamburg.de

Stefan Beuse
Autor

Thomas Bleitner
Buchhändler, Buchhandlung Lüders

IM SCHATTEN DER LINDE:
DAS KLOPSTOCK-GRAB
↳ **Besinnen**

Gut 250 Jahre alt und beeindruckend schön ist die Linde, in deren Schatten die Ruhestätte der Klopstocks liegt, am Südportal der Christianskirche. Metas Grabstein kommt recht hanseatisch daher, der von Friedrich Gottlieb prunkhafter, fast aufgedonnert – dem Marmorrelief des Bildhauers Philipp Jakob Scheffauer sei Dank. Ein wenig Kitsch darf aber durchaus sein, gilt die Grabstätte des Paares doch seit dem 19. Jahrhundert als Wallfahrtsort für Schwärmer*innen und Verliebte. Das ist in erster Linie Margareta »Meta« Klopstock, geborene Moller, geschuldet, die als Tochter wohlsituierter Hamburger Kaufleute auf Konvenienzehen pfiff und ihre nicht standesgemäße Verbindung mit dem Dichter durchsetzte. Früh schon schwärmt sie für dessen »Messias«-Gesänge (1748), arrangiert Rendezvous und ebnet ihm den Weg in die Literarischen Salons. »Warum küsst der Affe dich denn nicht?«, fragt sie sich nach ihrem ersten Stelldichein. Er tut es schließlich, doch die Liebesehe währt nur kurz: Schon 1758, vier Jahre nach der Trauung, stirbt Meta an den Folgen einer Fehlgeburt. Die Linde am Grab haben damals Metas Schwestern gepflanzt; 1803 wurde dort auch ihr Mann beigesetzt – bis heute ein Ort für, wie Theodor Fontane schreibt, »bleibende Momente, die das Leben vertiefen«. ✕

🗺 **Nr. 8**
Friedhof Christianskirche, Ottenser Marktplatz 6, 22765 Hamburg,
kirche-ottensen.de

19

LEBEN TANKEN: DER HAMMER PARK
↳ **Flanieren**

Für eine echte Laufstrecke ist der Hammer Park im Hamburger Osten etwas klein. Aber man kann wunderbar den Grünstreifen parallel zur Borgfelder Straße bis dorthin laufen, ein, zwei Runden drehen, und wieder zurück. Bei schönem Wetter ist der Park das reinste Wimmelbilderbuch. Familien sind da, Sportvereinskurse, Pärchen, Grüppchen, die Leute picknicken, schieben Kinderwagen, spielen Fuß- oder Federball, spannen eine Slackline, laufen, grillen, knutschen, der Spielplatz ist voll, auf einer Bank sitzt ein stark tätowierter Mann mit Ledermantel und liest einen handschriftlichen Brief, zwei Freundinnen sind schlendernd in ein intensives Gespräch vertieft, ein älterer Herr joggt barfuß, ein junges Paar versucht, einem jungen Hund Tricks beizubringen, ein Vater wirft seiner Tochter einen Ball zu, eine alte Dame füttert die Enten, ein kleiner Junge will unbedingt ins Wasser, und ich eigentlich auch. Am Rand des Parks stehen die Magnolien und blühen im Frühjahr geradezu schwindelerregend, und

ACH SO?

Ein Hammer Kind ist Arno Schmidt. Schon im frühen Kindesalter flüchtete sich der 1914 im Rumpffsweg 27 geborene Junge in die Literatur, um seiner unglücklichen Kindheit zu entgehen. Er schreibt: »Ich hatte, 6 Jahre lang, eine gewisse Abgesperrtheit von der Außenwelt erfahren.« Mit drei Jahren lernt er lesen, schreiben wird er sein Leben lang. Spätestens mit seinem monumentalen Werk »Zettel's Traum«, das 1334 Seiten im DIN A3-Format umfasst, verschafft sich Arno Schmidt einen ganz besonderen Platz in der deutschen Literaturgeschichte.

in der Mitte steht ein Gingko, dessen Blätter im Herbst ebenso schwindelerregend gelb leuchten. Der Mensch hat ein Bedürfnis, draußen zu sein, und der Park ist voller Geschichten. Ich laufe dort meine Runden, wenn ich von den Schreibtischgeschichten erschöpft bin, und tanke Leben. ✕

Nr. 9
Caspar-Vogt-Straße/Hammer Steindamm, 20535 Hamburg

Isabel Bogdan
Autorin und Übersetzerin

Kirsten Boie
Autorin

WÖRTER UND BILDER:
DAS KINDERBUCHHAUS
↳ **Erleben**

Hamburg ist Deutschlands Hauptstadt des Kinderbuchs – darum haben wir natürlich ein Kinderbuchhaus! Nur wenige Schritte vom Bahnhof Altona entfernt liegt es im Altonaer Museum und ist ein Muss für alle Freunde der Kinderliteratur und vor allem der Bilderbuchkunst. Denn egal, wann Sie es besuchen: Immer wird dort eine der regelmäßig wechselnden Ausstellungen von Original-Illustrationen namhafter Illustrator*innen präsentiert, dazu Skizzen und Modelle, so dass sehr eindringlich deren Entstehungsprozess verfolgt werden kann. Regelmäßig finden Lesungen statt, dazu Werkstätten für Schulen und Kitas: Hier wird philosophiert, geschrieben, illustriert – immer mit Bezug auf die jeweilige Ausstellung. Für Erwachsene gibt es zudem ein über die Jahre gewachsenes Weiterbildungsangebot, Vorträge, Debatten und Präsentationen. Damit ist das Kinderbuchhaus längst zu einem Zentrum der Kinderbuchkultur geworden, in dem sich Illustrator*innen, Autor*innen, Übersetzer*innen, Leseförder*innen und Verlagsmenschen treffen. Auch einfach nur mal vorbeizugucken lohnt sich: Für Kinder wie für Erwachsene, am besten für beide gemeinsam. Und drum herum gibt es noch das Altonaer Museum anzugucken und nur hundert Meter weiter wartet ein Elbspaziergang. Das perfekte Ziel also für einen Ausflug! ✕

📖 **Nr. 10**
Museumstraße 23, 22765 Hamburg, kinderbuchhaus.de

GESCHICHTEN VON LIEBE UND VERZWEIFLUNG: MICHELLE RECORDS

↳ **Mitnehmen**

»Write drunk. Edit sober.« Diese robuste Schriftsteller-weisheit habe ich schon immer anders übersetzt. Das Rauschmittel, das meine Finger auf die Tastatur bringt, ist nämlich die Musik. Keine »Muzak«, sondern alles, was sich auf die Tradition von Robert Johnson und Hank Williams zurückführen lässt. Übrigens je nach Genre und Stimmung verschieden: Zu Johnny Cash oder Leonard Cohen schreibt es sich anders als zu den »Highwomen« oder zu Bob Dylan, der die Ehre des Literaturnobelpreises auf seinen Schultern trägt.

Gemeinsam haben ihre Platten den Ort, an dem ich sie finde: »Michelle Records«, ein kleines Paradies, voll-gestopft mit Platten, Tourpostern, alten Verstärkern und Schaufensterkonzerten. In der Luft liegen Geschichten von Liebe und Verzweiflung, Lust und Wut. Songs, die Beziehungen gestiftet haben und Träume platzen ließen. Alles, was den Mythos Plattenladen ausmacht. Jene ein-geschworene und doch offene Gemeinschaft, die weiß, zwischen welchen Akkorden die Wahrheit gesungen wird.

Wer sie da hört, kann sie aufschreiben und weitertragen. Also: Schreibe mit Musik. In diesem Fall mit »Planeeth Weeth« von »Das Weeth Experience«. Warum? Auch diese Antwort findet sich bei »Michelle« … ✕

🗺 **Nr. 11**
Gertrudenkirchhof 10, 20095 Hamburg,
michelle-records.de

Carsten Brosda
Kultursenator

Sascha Preiß
Autor

KAUM GEHÖRTE GESCHICHTEN: DIE ZWANGSARBEITERBARACKEN

↳ **Besinnen**

In Nähe des Flughafens haben sich fünf Dichter in schmucklose Straßen verkrochen. Da ist der Weg des Hermann Löns, deutschnationaler Heideschreiber, beerdigt mit nationalsozialistischem Pomp. Auch einen Weg belegt Timm Kröger, der in Novellen vom Bauernleben schwärmte, Mitglied der schlagenden Burschenschaft »Teutonia«. So wie Wilhelm Jensen, über den Sigmund Freud ein Lob notierte, dessen Sackgasse aber abknickt. Oder die Gasse des Adolf Woderich, Volksstückverfasser und Nazisympathisant. Mit einem Literaturpreis bekrönt, ziert Wilhelm Raabe den Weg am Parkrand. Gegenüber von hübschen Einfamilienvillen, verborgen hinter Zaun und Birken, befindet sich aber ein zweiter Ort: die letzte Baracke für Zwangsarbeiter, die in Ohlsdorf Kriegsgerät bauen mussten, rekrutiert wie viele der 500.000 NS-Sklaven Hamburgs über eine Firma für »Garten- und Landschaftsbau im Großdeutschen Raum« der Nazi-Parteisoldaten Wilhelm Kowahl und Emil Bruns. Der eine starb im Russlandfeldzug, der andere nannte sich danach Emilio, wurde Bauunternehmer, errichtete in Tel Aviv Hotels und entschlief mit 82 Jahren. Dieser doppelte Ort ist mein Alltag und ein Teil der Stadtgeschichte, der viel zu wenig präsent ist. ✕

📖 **Nr. 12**
Wilhelm-Raabe-Weg 23, 22335 Hamburg,
gedenkstaetten-in-hamburg.de

Jürgen Abel
Redakteur, Literatur in Hamburg

BRENNPUNKT DER AUFKLÄRUNG: DIE KLEINE PAPAGOYENSTRASSE

↳ **Besinnen**

In Per Olov Enquists Roman »Der Besuch des Leibarztes« tritt im Frühjahr 1768 der Arzt Johannes Friedrich Struensee aus einem Fachwerkhaus in Altona-Altstadt. Kurz darauf wird ihm das Angebot überbracht, Leibarzt des dänischen Königs zu werden. Altona ist in diesen Jahren nicht nur das wichtigste Handelszentrum Dänemarks nach Kopenhagen, sondern hat auch den Ruf einer »Brutstätte radikalen Denkens«. Struensee ist sein Zentralgestirn. Er gibt die »Altonaer Monatsschrift zur Beförderung der Wissenschaften, Künste, des Geschmacks und der Sitten« heraus, und vollzieht an der Seite des Königs eine radikale Staatsreform in Dänemark. Sie geht als Struenseezeit in die Geschichte ein und endet mit der Hinrichtung des Aufklärers. Der 2020 verstorbene schwedische Autor erzählt in seinem grandiosen Dokudrama auch von der Liebe zwischen dem Arzt und Königin Caroline, die zum Skandalon wird.

Heute findet man die Kleine Papagoyenstraße nur noch in historischen Stadtplänen. Es ist ein unscheinbarer Ort und für mich gerade deshalb ein besonderer Ausgangspunkt zu Besichtigungen der prächtigen Schauplätze in direkter Nachbarschaft, ob in der Palmaille oder der Königstraße. Er zeigt, dass sich große Geschichte fast überall verfangen kann. Wir müssen uns nur auf die Suche machen. ✕

📖 **Nr. 13**
Struenseestraße/St. Trinitatis, 22767 Hamburg

WASSERDICHTE TIERE: DAS ZOOLOGISCHE MUSEUM

↳ **Flanieren**

A: Guck mal! Das ist ein Krokodil! Ich kann ein Krokodil malen.

B: Wow!

A: Meine Kunstlehrerin hat mir gezeigt, wie man ein Krokodil malen kann. Sie sagt, das Krokodil ist ein Reptil. Ah, und sie putzt auch in meinem Haus.

B: Echt? Sie ist Lehrerin und sie putzt?

A: Jaaa.

B: Was ist ein Reptil?

A: Ein Reptil ist ein Tier ohne Haare. Es ist ein wasserdichtes Tier.

B: Ah, das ist doch ein tolles Tier, denn es braucht keine Regenjacke und keinen Regenschirm.

Das Gespräch zwischen zwei Kindern habe ich belauscht, als ich gerade mit Buntstiften eine lange Linie in mein Skizzen-Buch zeichnete und das große Skelett eines Wals bewunderte. Das Zoologische Museum – ein Ort, den Studienanfänger der Fächer Kunst und Illustration zu Beginn des ersten Semesters häufig besuchen. ✕

📖 **Nr. 14**
Bundesstraße 52, 20146 Hamburg,
cenak.uni-hamburg.de/ausstellungen/
museum-zoologie

Karina Tungari
Comic-Zeichnerin

ZUM SILBERSACK

ZUM
Silbersack
Solide Preise

Simone Buchholz
Autorin

KAPUTTE HERZEN AM TRESEN: ZUM SILBERSACK

↳ **Verweilen**

Ohne den »Silbersack« wäre ich nichts. Es gäbe keine Figuren für mich, keine Sprache, keine Musik, keine Dunkelheit, kein Licht, keine Möwen, keine Drinks, keine Nostalgie, keine Gegenwart. Es gäbe nichts, was kleben bleibt. Ohne den »Silbersack« hätte ich wenig, worüber ich schreiben kann, ich wäre schnell an meinen Erfahrungsgrenzen, meine Geschichten wären eine einzige Selbstbeschau, damit hätte ich mich beizeiten gelangweilt und wäre keine Schriftstellerin geworden, und das einzige, was ich außer schreiben kann, ist kellnern, aber ohne Kneipen wie den »Silbersack« hätte mich auch das bald gelangweilt, und ich hätte nicht gewusst, wovon ich leben soll, wovon ich erzählen soll, und erzählen ist alles.

Der »Silbersack« erzählt ununterbrochen. Hinter der schweren Tür geht es sofort los. Kaputte Herzen am Tresen, aufgeraute Stimmen in den Ohren, zerbrochene Ideen an den Tischen, umgekippte Musik dazwischen, voll mit Fröhlichkeit und Zuversicht, die Dialektik aus Leben und Tod tropft von der Decke.

Mein Gehirn versteckt sich im Vorhang am Eingang, knutscht rum und schreibt mit. ✕

📖 **Nr. 15**
Silbersackstraße 9, 20359 Hamburg, zumsilbersack.de

Katja Cebulla
Buchhändlerin, Buchhandlung am Sand

DURCH DIE ZEILEN GLEITEN: DIE S11 UND S31

↳ **Flanieren**

Meinen literarischen Ort teile ich mit vielen, wenn ich morgens in die Bahn springe und mein Buch aus der Tasche hole. Das vorbeiziehende Hamburger Grün entspannt mich, und ich gleite durch die Zeilen, wie die Stadt an mir vorbei. Weite Gärten und Villen bilden von Blankenese bis Altona die Kulisse meiner Lektüre und machen das Lesen leicht. Mit malerischen Hinterhofeinblicken, graffitibesprenkelt hier und da, verändert sich die Szenerie. Es wird städtisch im Herzen Hamburgs. Ehrwürdige Häuser, glitzerndes Wasser und dann beinahe Großstadtatmosphäre beim Passieren der wenigen »Hochhäuser« in Hammerbrook. Dazwischen immer wieder Kanäle und Wasser, ein Fließen und Gleiten, wohltuend und beruhigend. Die Alster, die Elbe, Fleete und Kanäle und unzählige kleine Hafenbecken – Hamburg ist ein Wasserparadies, grün und silbrig. Neue Fahrgäste steigen ein, suchen sich Plätze, beginnen zu lesen, und ich freue mich über jeden erhaschten Buchtitel. Berufsneugierde vermutlich. Es ist ein Kommen und Gehen in der Bahn, ein Schaukeln und Türenschlagen. Kurz hinter Wilhelmsburg dann taucht die Bahn in den Tunnel und ich langsam wieder auf aus meinem Buch, um frohgemut in Harburg zur Arbeit zu gehen. ✕

🗺 **Nr. 16**
S11 und S31, hvv.de

ORT FÜR KOPF UND GEIST: KAMPNAGEL

↳ **Erleben**

Inmitten von Kultur liest es sich besonders schön: Auf Kampnagel und rund um die Kulturfabrik findet sich immer ein Plätzchen für intensive Lesestunden. Sei es auf dem Platz vor dem Haupteingang oder über dem Kanal im Garten hinter dem Gebäude. Auf Kampnagel findet so viel großartige Kultur statt, kein Wunder, dass auch das Lesen dort so ein besonderes Vergnügen ist. Tanz, Performance, Theater, Thinktanks, Musik, Diskussionen, Ausstellungen, Lesungen und Festivals ... ein wunderbarer Ort der Begegnung, ein wunderbarer Ort für Kopf und Geist.

Ich habe Kampnagel als Leseort entdeckt, als wir dort vor vielen Jahren zum ersten Mal beim Sommerfestival eine kleine Filiale unserer Buchhandlung eröffnen durften. Damals konnte ich das Gelände ganz für mich (und das trotz der unglaublich vielen Festivalbesucher) kartografieren und entdecken. Und seitdem ist klar – egal, in welcher Lesenslage ich bin: Das ehemalige Eisenwerk ist, nicht nur bei schönem Wetter, ein herrlicher und inspirierender Ort für Literatur! ✕

📖 **Nr. 17**
Jarrestraße 20, 22303 Hamburg, kampnagel.de

Daniela Dobernigg
Buchhändlerin, cohen & dobernigg

38

UNTERWEGS ZUM HUNDEAUSLAUF: DER KEMAL-ALTUN-PLATZ

↳ **Flanieren**

Wir müssen sie alle runter, die »long and lonesome road« (Muddy Waters). Bringen wir sie also hinter uns, die Ottenser Hauptstraße: So jung und bunt und cool, dass man den Investorenprosaisten, die so was ausschwitzen, einen Kulturpapst an den Hals wünscht. Ist aber den Party-Corner-iPadisten wurst. Mitglieder der Gruppe Risiko ertragen das, weil sie die Smartphone-Düfte mit einer Ahnung von Friedhof versauen. »At the end of the road« (Jerry Lee Lewis) ist dann doch einiges anders. Da bietet das »Bey's« Zeitungspapier statt WiFi, aufgehängt in analogen Holzhaltern – und zwar nicht auf der Liest-ja-doch-keiner-Ablage vor dem Klo. Direkt vis-à-vis überlebt der über den grünen Tee zu lobende No-BILD-Kiosk. – Aber Ziel war ja nicht der Weg: Vor dem durch Verkotung entgrünten Hundeauslauf auf dem Kemal-Altun-Platz stehen Bänke, die zur Kontemplation laden. Gibt man der Brache eine Chance, dann entpuppt sie sich als Tabula rasa, als inspirativer Projektions-Ort: Die armen Hunde hinter dem Zaun können vergessen, wo sie zu Hause sein müssen; und diejenigen, die vor dem Zaun Rast von der Hast suchen, die bewegt die Erkenntnis: »...wenigstens war ich endlich unterwegs« (Jack Kerouac, »On the Road«). ✕

📖 **Nr. 18**

Große Brunnenstraße/Am Born, 22763 Hamburg

Michael Friederici
Veranstalter, Schwarze Nächte

Torsten Meinicke
Buchhändler, Buchladen in der Osterstraße

NOCH LANGE NICHT SCHLUSS: DIE BAR 439

↳ **Verweilen**

Der Name der Bar stammt noch aus der Zeit, als der Standort eines Anschlusses aus den ersten Ziffern einer Telefonnummer zu dechiffrieren war. Richtig! Die »Bar 439« residiert in Eimsbüttel-Süd und das bereits seit 1988. Dank der Inhaberin Carla – definitiv die coolste Tresenfrau der Stadt! – lohnt sich auch ohne jegliches Literaturinteresse ein Besuch in dieser sympathisch schickimicki-freien Kneipe.

Aber alle zwei Monate, immer an einem Mittwochabend, pilgern Krimi-Aficionados aus der ganzen Stadt in die Vereinsstraße, denn dann schlägt das »Trio mit 4 Fäusten« zu: Die Autorin Simone Buchholz und der Kritiker Marcus Müntefering diskutieren und zerlegen dann fachgerecht – immer begleitet von einem Überraschungsgast – vor dem Tresen jeweils drei aktuelle Krimis. Es wird gelobt und gelästert, getrunken und geraucht, nachgefragt und vorgelesen. Kluge oder witzige Fragen aus dem Publikum werden spontan mit einem Schnaps aufs Haus belohnt, beim Krimiquiz hoffen ungelesene Leseexemplare auf neue Besitzerinnen. Und wenn gegen 22.30 Uhr alles gesagt ist, muss noch lange nicht Schluss sein. Denn die »Bar 439« lädt zum Verweilen ein, oder, ehrlicher vielleicht, zum Versacken. ✕

📖 **Nr. 19**
Vereinsstraße 38, 20357 Hamburg, bar439.de

↳ Mitnehmen

UNTER ENGELN: DAS LITERATURHAUS
↳ **Erleben**

»Die Schönheit entpuppt sich im Makel.« Diese Weisheit habe ich im Literaturhaus gelernt. Der Satz fiel nach einer Lesung, in einer Nacht, als der Herr des Hauses gegangen war, die Verantwortung aber da gelassen hatte. Mitnichten dachte unser Autor daran, Richtung Hotel aufzubrechen. Dazu waren die Gläser zu voll und die Begleitung zu faszinierend. Und so saßen und tranken und philosophierten wir. Dann dieser Satz, der mir in dem Moment unglaublich

ACH SO?

Wo heute Autorinnen und Autoren lesen, tanzten bis 1938 Schülerinnen der Choreografiekoryphäen Rudolf von Laban und Lola Rogge. Dazwischen war das heutige Literaturhaus ein »Wohnheim für weibliche Lehrlinge, Durchgangsheim für gefährdete weibliche Jugendliche und Schutzhaftstelle für Aufgegriffene«, der Saal eine Abstellkammer, die Buchhandlung das Direktorinnenbüro; weiße Farbe übertünchte ursprüngliche Deckengemälde, Kritzeleien zierten Schlafsaalwände und im Keller gab es einen Karzer. 1987 wichen alle Zeugnisse der Mädchenheimära den aufwendigen Restaurierungen.

tiefsinnig vorkam. Von diesen wunderbar verschwommenen Abenden gab es viele in meinen 13¾ Jahren Literaturhaus. Vielleicht schreibe ich doch noch den Roman über das Haus am Schwanenwik. Harry Rowohlt käme drin vor, der auch weit nach Mitternacht nicht aufhörte zu lesen. Unser Codewort für Getränke hieß: »Antje, mehr Bier!« Es hat 1A funktioniert. Toni Morrison träte auf. Für ihre Lesung erschien ich als junge Amerikanistin unangemeldet. Stimmt das? Wir lagen in der leergeräumten Beletage auf dem Fußboden und lauschten der Stimme aus dem Saal. Kurz zuvor war sie an mir vorbei geweht, diese große Schriftstellerin, der ich später meine Abschlussarbeit widmete.

Nur ganz selten ist es mir in all den Jahren passiert, dass meine Gedanken abschweiften und sich mein Blick an die Decke heftete. Ein Engel mit Helm, ein Engel ohne Helm, ein Engel mit ... Ist Ihnen das schon einmal aufgefallen? ×

📖 **Nr. 20**
Schwanenwik 38, 22087 Hamburg,
literaturhaus-hamburg.de

Antje Flemming
Literaturreferentin

GEISTIGER MENSCH UND HAMBURGER: DAS NOSSACK-GRAB

↳ **Besinnen**

Hans Erich Nossack hat sich gewünscht, ohne Publikum beerdigt zu werden. Dichter sind Außenseiter, selbst wenn sie im Familiengrab ruhen. Geboren wird er am 30. Januar 1901 in Hamburg, er stirbt hier am 2. November 1977. Sein Leben lang hadert der berühmte Autor mit der Stadt: »Eine alte Dame, eine Geborene, äußerte: In Hamburg ist es doch so: Man muss entweder ganz großen Erfolg haben oder gar nicht erst anfangen. Das ist so typisch für Hamburg.« Der Dichter braucht Distanz zur Gesellschaft, der er durch Geburt und Umgang angehört. Das nimmt man Künstler*innen bis heute übel.

Seine berühmteste Erzählung, »Der Untergang«, beschreibt die Schwierigkeit, das 1943 bombardierte Hamburg darzustellen – ohne zu moralisieren, ohne sentimental zu werden. Zum Grab könnte man die groteske Geschichte »Viktoria« mitnehmen: Ein Verstorbener unterhält sich auf dem Friedhof mit seiner Frau und verhindert, dass sie einen Kranz bei ihm ablegt. »Es ist unmöglich, zugleich Hamburger und geistiger Mensch zu sein«, schreibt Hans Erich Nossack. Er hat es geschafft. ✕

📖 **Nr. 21**
Ohlsdorfer Friedhof, Planquadrat U 22,
22337 Hamburg

Lutz Flörke
Dozent und Autor,
Hamburger Literatur Reisen

Cornelia Franz
Autorin

VERWEILEN, VERLAUFEN, VERLIEBEN: DER JENISCHPARK

↳ **Flanieren**

Zeit zum Verweilen, Verlaufen, Verlieben? Oder um sich inspirieren zu lassen … Der von der Elbe bei Teufelsbrück sanft ansteigende Jenischpark ist so bezaubernd, dass man ihn bei jedem Wetter durchstreifen kann. Wenn es nach Hamburger Art stürmt und strömt, bietet eins der drei kleinen Museen Zuflucht. Der Park verbindet Natur, Kultur und Geschichte aufs Schönste. Noch immer ist zu spüren, was der hanseatische Kaufmann Caspar Voght hier einst bezweckte – Landschaften zu gestalten, »die des Pinsels würdig wären«.

Voghts Leben (1752 – 1839) wäre passabler Stoff für Romane. Als junger, wohlhabender Mann bereiste er ganz Europa und kam mit großen Ideen zurück. Er verliebte sich in die Schwester seines besten Freundes, die sich scheiden ließ, um ihren Liebhaber dann doch nicht zu heiraten. Voll Enthusiasmus setzte sich Voght für eine Reform des Armen- und Gefängniswesens ein und schuf sein Mustergut im Stil der »ornamented farm«. Nachdem er das Gut 1828 an Senator Martin Johann Jenisch verkaufte, wurde das Farmgelände zum Landschaftspark umgestaltet. In Jenischs klassizistischem Landhaus findet sich im Buchshop nebst Lesestoff zur Gartenbaukunst auch Belletristik – ganz im voghtschen Sinne. ✕

📖 **Nr. 22**
Baron-Voght-Straße / Elbchaussee, 22605 Hamburg,
jenischparkverein.de

DURCHS ZEITLOCH INS ALL: DER RÖMISCHE GARTEN

↳ **Flanieren**

Eine geschwungene Steintreppe führt von der oberen Terrasse des Gartens hinunter zu den grasbedeckten, ringförmigen Stufen des Amphitheaters. Hinter der Rasenbühne mit den Buchsbaumgängen zum Ein- und Abtreten der Akteure geht der Blick über die Elbe, eine Kulisse, die nicht verschoben werden kann, weil sie selbst immerzu in Bewegung ist: Wolken, Schiffe, Licht und Linien auf dem Wasser. Still ist es hier oben. Stellt man sich genau in die Mitte des innersten Rings, kann es passieren, dass sich ein Zeitloch öffnet, durch das man ins All gesogen wird.

Der Garten gehörte einst der Blankeneser Familie Warburg, die hier bei ihren Partys in den späten Zwanzigern private Theatervorführungen gab. Nachdem die Gäste »Leonce und Lena« oder den »Sommernachtstraum« geschaut hatten, tanzten sie auf der Terrasse oder spazierten entlang der dunklen Eibenhecke. Sie wird noch immer nach der alten Schablone geschnitten: scharfkantige

ACH SO?

Unweit des Römischen Gartens ließ sich 1912 das literarische Liebespaar der Jahrhundertwende nieder. Ida und Richard Dehmel wohnten in einem selbst geschaffenen Gesamtkunstwerk, das zu einem schillernden Treffpunkt der bekanntesten Kunstschaffenden der Moderne wurde. In Blankenese schrieb Richard Dehmel Gedichte und korrespondierte mit Geistesgrößen aus der ganzen Welt, während Ida Dehmel 1926 die bis heute aktive Künstlerinnenvereinigung GEDOK gründete und zur wichtigen Kunstförderin wurde. Zu besichtigen ist das Haus regelmäßig bei Führungen.

Wellen mit hohen Eiben-Kegeln, die den Elbblick kurz verdecken und wieder freigeben, verdecken, freigeben, verdecken, freigeben ...

Obwohl sie 1938 emigrieren mussten, schenkten die Warburgs nach ihrer Rückkehr aus England den Garten der Stadt. Jetzt führt der Elbhöhenweg hindurch. ✕

Nr. 23
Falkensteiner Ufer, 22587 Hamburg

Katharina Hagena
Autorin

Rainer Moritz
Leiter Literaturhaus Hamburg

ROT, GELB, GRÜN, BLAU: DAS HOTEL WEDINA

↳ **Verweilen**

Hotels faszinieren seit jeher. Kein Wunder, dass Thomas Mann, Vicki Baum, Elizabeth Taylor oder Joseph Roth diese Orte, die voller Geheimnisse sind, zu Romanschauplätzen machten. Das literarische Hotelherzstück in Hamburg ist das Hotel Wedina. Im pulsierenden Stadtteil St. Georg gelegen, ist es reich an Besonderheiten, wie man sie nirgendwo anders findet. Wer im nahegelegenen Literaturhaus am Schwanenwik liest, ist gern gesehener Gast im Wedina, das der Schweizer Hotelier Felix Schlatter Anfang der neunziger Jahre übernommen hat.

Wohnst du im roten Haus? Oder im gelben? Im grünen oder im blauen? Diese Fragen ergeben nur für Wedina-Besucher Sinn, denn das Hotel verteilt sich auf vier farbenfrohe Häuser, die in der Gurlittstraße nicht zu übersehen sind. Und weil so viel schriftstellerische Prominenz im Wedina zusammenkommt, ist die Bibliothek das Prunkstück: mit weit über eintausend signierten Erstausgaben, die ein Vierteljahrhundert Literaturgeschichte abbilden. Und ja, manchem Autor gefällt es hier so gut, dass er sich – wie der Schweizer Rolf Lappert – für längere Zeit in einer der Suiten einquartiert, um ein Werk zum Abschluss zu bringen. Das Hotel als Schreiboase. ✕

📖 **Nr. 24**
Gurlittstraße 23, 20099 Hamburg, hotelwedina.de

DENKWÜRDIGE ABENDE:
DAS MAGAZIN-FILMKUNSTTHEATER
↳ **Erleben**

Amos Oz bittet nach der Lesung seine Frau Nily für eine Flöteneinlage auf die Bühne, Rocko Schamoni schildert rauchend seine Versuche, einen Kaffee warmzuhalten, und M. A. Numminen besingt die verliebten Philosophen Hannah Arendt und Martin Heidegger. Es mag Zufall sein, dass ich im »Magazin« so viele denkwürdige Literaturabende erlebt habe – wahrscheinlicher ist, dass es auch an der Besonderheit dieses Ortes liegt. Der Saal in der von Fritz Schumacher konzipierten Wohnanlage diente zunächst als Speise- und Veranstaltungsraum für die dort lebenden Rentner und Arbeiterfamilien, seit 1937 wird er als Filmtheater genutzt. In den neunziger Jahren erweiterte das Traditionskino sein Programm um Konzerte und Lesungen von Hamburger Größen wie Harry Rowohlt und Roger Willemsen. Heute ist das Literaturhaus regelmäßig mit Veranstaltungen zu Gast – und sollte gerade keine Lesung auf dem Programm stehen, lohnt sich der Besuch auch für eine Literaturverfilmung und einen Salmiak-Lolli aus dem wunderbar altmodischen Kiosk. ✕

Nr. 25
Fiefstücken 8a, 22299 Hamburg,
magazinfilmkunst.de

Ann-Kristin Hohlfeld
Pressesprecherin, Staats- und
Universitätsbibliothek

NEUGIERIGE SKEPSIS:
DER BUCHLADEN IN DER OSTERSTRASSE
↳ **Mitnehmen**

Der »Buchladen in der Osterstraße«. Nicht irgendeine Buchhandlung in der Osterstraße, »der« Buchladen in der Osterstraße, ohne weiteren Zusatz. Er ist eine Institution. Seit über 40 Jahren, und damit gibt es ihn schon fast so lange wie die »Edition Nautilus«. Wie im Verlagsprogramm liegt auch im Buchladen der Schwerpunkt auf politisch engagierter Literatur – ob im Sachbuch, Krimi oder Roman. Was noch lange nicht heißt, dass unsere Bücher ungeprüft in rauen Mengen eingekauft werden! Mit neugieriger Skepsis wird jedes Buch auf Qualität und Verkäuflichkeit abgeklopft, werden vorab Druckfahnen angefordert, wird nachgefragt, warum man denn dieses oder jenes Buch ins Programm genommen hat. Denn wie in den meisten inhabergeführten Buchhandlungen setzt man hier – der Laden wird zu dritt geführt: von Torsten Meinicke, Gerlinde Schneider und Doris Claus – auf persönliche und ehrliche Beratung. Aber wenn ein Titel die Prüfung bestanden hat, hat er die Chance, zum Lieblingsbuch zu werden. Dann kommt der Buchhändler mit dem Motorrad im Verlag vorbei, um einen Stapel Nachschub abzuholen. Und die Lesung wird ausverkauft sein – ganz ohne Social Media. ✕

📖 **Nr. 26**
Osterstraße 171, 20255 Hamburg,
buchladen-osterstrasse.de

Franziska Otto
Verlegerin, Edition Nautilus

58

«NICHT NEUER KONTINENTE
BEDARF'S AUF DER ERDE, SONDERN
NEUER MENSCHEN»
(KAPITÄN NEMO)

DAS TOLLSTE LOKAL DER WELT: DIE PALETTE
↳ **Besinnen**

Von der Vätergeneration übernahmen die jungen Gäste nur die Aufputschmittel Benzedrin und Preludin, die Wehrmachtssoldaten im Weltkrieg wachhalten sollten. Die »Palette« in der ABC-Straße war ein Treffpunkt für Außenseiter, die sich in die wirtschaftswunderliche Gemütlichkeit der Adenauer-Republik nicht einfinden wollten. Eine Sechziger-Jahre-Subkultur aus Hafentage-löhnern, Seeleuten, Schulschwänzern, Obdachlosen und Gelegenheitsdichtern, die von Außenstehenden gern pauschal als »Gammler« bezeichnet wurden. Vier Stufen hinab ging es ins Kellerlokal, wo in den Tresenräumen »Nord«, »Mitte« und »Süd« über das Schreiben von

ACH SO?

Gotthold Ephraim Lessing wirkte ab 1767 drei Jahre am Hamburgischen Nationaltheater, wo seine »Minna von Barnhelm« ihre Uraufführung erlebte. Den Verfasser der »Hamburgischen Dramaturgie« verbindet mit dem literarischen Ethnologen Fichte jedoch nicht nur das Wirkungsfeld rund um den Gänsemarkt: Der Lessing-Preis und der Fichte-Preis sind bedeutende Literaturpreise, die der Hamburger Senat alle vier Jahre vergibt. Zuletzt wurden die Philosophin Juliane Rebentisch im Geiste Lessings und der Autor Michael Weins in der Nachfolge Fichtes geehrt.

Ernest Hemingway oder das Schweigen von Ingmar Bergman diskutiert wurde. Hubert Fichte verkehrte einige Jahre dort und benannte seinen zweiten Roman nach der Kaschemme. Fichte war ein Getriebener, ein rastloser Menschenbeobachter, ein Tänzer zwischen den Welten, den Worte und den Geschlechtern, der der »Palette« im turbulenten Jahr 1968 ein literarisches Denkmal setzte. Da war Hamburgs dichteste Annäherung an die Beatkultur aber schon länger geschlossen, sehr zur Erleichterung von Polizei und Jugendbehörde. Heute erinnert in der ABC-Straße eine Plakette an die abgerissene »Palette«, während ganz in der Nähe Gotthold Ephraim Lessing als Denkmal über den Gänsemarkt blickt. Ob der Dichter der Aufklärung sich dem Urteil von »Jäcki« über die »Palette« angeschlossen hätte? Fichtes Romanheld meinte kurz und knapp: »Das ist das tollste Lokal der Welt.« ✕

Nr. 27
ABC-Straße 55, 20354 Hamburg,
die-palette.com

Folke Havekost
Journalist

Leona Stahlmann
Autorin

VERSCHLUNGENE WEGE: DER OHLSDORFER FRIEDHOF

↳ **Flanieren**

Man ist noch nicht da, wenn der Bus durch das Eingangstor auf die Alleen rollt. Am Wasserturm wird man leise ungeduldig, aber es hilft nichts, man ist noch nicht da; erst recht ist man nicht da, wenn der Bus vor dem Gebirge der Rhododendren abbremst, das meint in keiner Weise, dass man da wäre: Man wird dann einen Zug eleganter Menschen gemessenen Schrittes laufen sehen, und der Busfahrer wird gemessen weiterfahren, wenn die Trauergesellschaft nicht mehr zu sehen ist, da kann man noch so sehr auf seinem Sitz wetzen, man ist da, wenn man da ist, und jetzt ist man eben noch nicht da. Man ist unter Umständen nicht einmal da, wenn man aussteigt. Der Ohlsdorfer Friedhof ist kein Ort, an dem man einfach so kommen kann und der Ort legte sich einem wahllos, ja: ein wenig verludert fast vor die Spazierfüße, plapperte einem alle Geheimnisse aus und wollte dann seine verschlungenen Zickzackwege und königlichen Prachtstraßen von einem breitgelatscht haben; nein, man ist da, wenn man den ersten Buntspecht auf einer Buche, einem Ahorn, einer Eibe tschackern hört. Wenn man gerade noch den buschigen Schwanz erspäht, der ins Gehölz witscht, zart knistert, verschwindet. Dann ist man da: und angekommen. ✕

📖 **Nr. 28**
Fuhlsbüttler Straße 756, 22337 Hamburg,
friedhof-hamburg.de/die-friedhoefe/ohlsdorf/

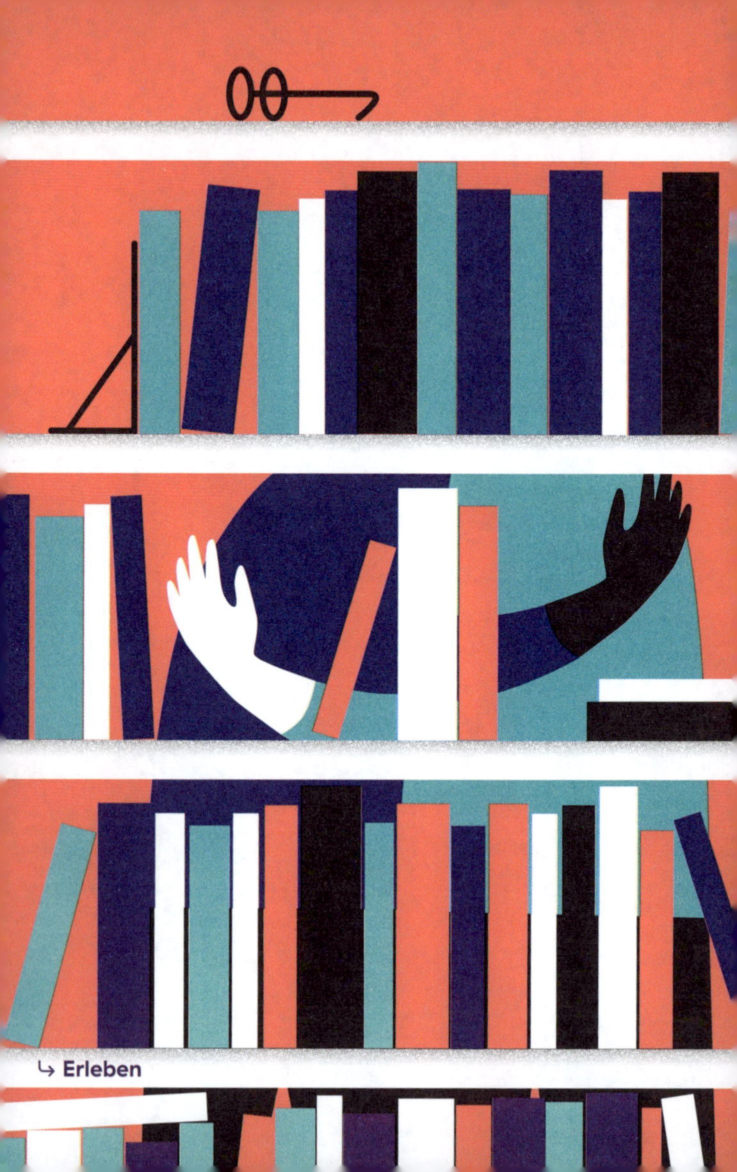
↳ Erleben

Steffen Herrmann
Verleger, Junius Verlag

FOUCAULT IN HAMBURG: DAS INSTITUT FRANÇAIS

↳ **Besinnen**

Im Oktober 1959 notierte das »Abendblatt«, neuer Direktor des Institut français sei ein gewisser »Monsieur Michel Foucault«. Zum Dienstantritt bezog der noch unbekannte Meisterdenker, der Hamburg wohl nur von der schnellen Durchreise mit seinem beigen Jaguar kannte, die Direktorenwohnung im zweiten Stock der Alstervilla an der Heimhuder Straße 55. Nach Stationen in Uppsala und Warschau schlüpfte Foucault in seinem neuen »Exil« in verschiedene Rollen: als äußerst nahbarer Dozent an der Universität, als Repräsentant des Instituts, der auch in dieser Funktion sein homosexuelles Leben nicht versteckte, und für französische Gäste wie Roland Barthes als Kiezführer, der mit den Nachtgestalten St. Paulis auf vertrautem Fuß stand. Ausgelastet zu haben scheint ihn das alles aber nicht. Denn daneben verbrachte Foucault mit einer Kant-Übersetzung viel Zeit in der »Stabi« und schloss die Arbeit an seinem ersten Hauptwerk »Wahnsinn und Gesellschaft« ab. Gründlich recherchiert und im Detail aufgeschrieben hat diese für Hamburgs Wissenschaftsgeschichte ziemlich glamouröse Episode dankenswerterweise der Historiker Rainer Nicolaysen und damit den Anstoß für die Gedenktafel hier in Harvestehude gegeben. ✕

📖 **Nr. 29**
Heimhuder Straße 55, 20148 Hamburg,
institutfrancais.de / hamburg

Als Direktor des Institut Français wohnte und arbeitete in diesem
Gebäude von Oktober 1959 bis September 1960 der französische Philosoph

Michel Foucault

(1926–1984)

Im Institut organisierte er ein umfangreiches Kulturprogramm mit Vorträge, Musik-, Theater- und Filmabenden,
Lesungen und offiziellen Empfängen. Foucault brachte
Jean Cocteaus »L'école des veuves« auf die Bühne und
hatte etwa Roland Barthes und Alain Robbe-Grillet zu
Gast. Seine Lehrveranstaltungen für die Universität Hamburg fanden ebenfalls in diesem Gebäude statt. Von hier
aus unternahm Foucault auch seine Erkundungen durch
die Stadt und seine Streifzüge durch(das)schwule)St.Pauli.
Das Manuskript seines ersten großen Buches »Histoire
de la folie« schloss Foucault in diesem Hamburg-Jahr ab
wie seine Übersetzung von Kants »Anthropologie in prag-
matischer Hinsicht« (1798) ins Französische. Foucaults
Hamburg-Aufenthalt markiert den Abschluss seiner Pro-
motions- und vorerst auch seiner Auslandsjahre; es war
das Jahr vor seinem öffentlichen Durchbruch in Frank-
reich, dem sich eine weltweite Karriere anschloss.

ERWEITERTES WOHNZIMMER: DAS CENTRO SOCIALE

↳ **Erleben**

Übersetzen ist meist ein einsames Geschäft; jede Gelegenheit, das zu ändern, ist willkommen. Eine davon ist das monatliche Hamburger Übersetzertreffen. Als ich vor über 20 Jahren nach Hamburg kam, traf sich diese großartige Runde in der Rinderschlachthalle, um sich kollegial auszutauschen und zu helfen, literarische Veranstaltungen

Ein einsames Geschäft ist auch das Schreiben. Um dem etwas entgegenzusetzen, öffnete 1995 der Writers' Room mit seinem einmaligen Konzept: Als Arbeitsraum für literarisch Schreibende bietet er Schreibplätze samt der Möglichkeit zu Austausch und Weiterbildung. So ist der »WR« für seine Mitglieder wie eine WG minus Wohnen – und regelmäßige Veranstaltungen gibt es auch. Um einen Schreibtischplatz muss man sich bewerben.

zu planen, das Übersetzen öffentlicher zu machen. Dann wurde das Gebäude verkauft, wir mussten raus und zogen eine Tür weiter: ins gerade entstandene »Centro Sociale«, wo verschiedene Initiativen der Gentrifizierung des begehrten Fleckchens zwischen Karoviertel, Schanze und Millerntor etwas entgegensetzen wollten. Eine Sozialgenossenschaft wurde gegründet, und inzwischen bietet das Zentrum alles Mögliche von Fahrradselbsthilfe über Sprachkurse zu viel politischer Arbeit, aber eben auch das schöne Konzept »Erweitertes Wohnzimmer«: Theatergruppen, Konzerte, Filmabende und Lesungen; dazu eine kleine Bibliothek plus Bücherbasar. Stehe ich abends vorm Eingang, sehe ich links einen der sympathischsten Buchläden der Stadt (»cohen & dobernigg«), rechts die Kneipeninstitution »Feldstern«, vor mir das gute alte »Knust«, gleich dahinter die »Hanseplatte« mit fast allem, was Hamburg Hörbares hervorbringt: Hier lässt es sich aushalten. ✕

📖 **Nr. 30**
Sternstraße 2, 20357 Hamburg,
centrosociale.de

Ingo Herzke
Übersetzer

Sandra Hiemer
Buchhändlerin, Felix Jud Buchhandlung

LEBENDIGES ERINNERN:
SPUREN HANS HENNY JAHNNS
↳ **Besinnen**

Das Denkmal für den Schriftsteller, Orgelreformer und Baumeister Hans Henny Jahnn im Klopstockpark erinnert an seine Person und an jene zahlreichen Orte der Stadt, die dieser Ausnahmekünstler mitgeprägt hat. Er hat seiner Geburtsstadt in vielen seiner Schriften und Romane ein literarisches Denkmal gesetzt. Jahnn entwarf 1920 die Kleinarchitektur für das Grab der Familie. Das romanische Rundbogenmotiv kann als Emblem seiner gesamtkünstlerischen Vorstellungen gesehen werden. Die Darstellung eines im offenen Meer stehenden Steintores findet sich bereits in dem Roman »Ugrino und Ingrabanien« von 1916 und zählt zu den eindrucksvollsten Architektur-Fantasien der modernen Literatur. Im Hamburger Rathaus hatte Jahnn im November 1946 seinen ersten öffentlichen Auftritt in Deutschland nach dem Krieg. Ermöglicht hatte ihm diesen der Buchhändler Felix Jud. In seiner Buchhandlung unweit des Rathauses am Neuen Wall präsentierte er 1949 unmittelbar nach Erscheinen Jahnns »Fluß ohne Ufer«, ein Titel, der zugleich an die Elbe und das Meer denken lässt. Der Leser sollte sich selbst ein Bild machen und mal nachlesen. Felix Jud wird derzeit in Hamburg noch nicht mit einem Denkmal gewürdigt. Aber die Buchhandlung hält Jahnns Werke stets bereit und die Erinnerung an Jahnn und Jud lebendig. ✕

📖 **Nr. 31**
Friedhof Christianskirche, Ottenser Marktplatz 6, 22765 Hamburg

Annette Huber
Literaturvermittlerin, Seiteneinsteiger e.V.

SYSTEMRELEVANT:
DER MOND (ÜBER HAMBURG)

↳ **Verweilen**

»Sind sie sehr romantisch?« – »Nein. – Sie?« – »Ich, – romantisch? Ach Gott – nein!«

So reden zwei junge Liebhaber bei Hubert Fichte, in einer Mondnacht am Michel.

Ich glaube, sie bluffen. Der Mond (inklusive Romantik) ist systemrelevant für Hamburg und seine Literatur.

Was wären Heinrich Heines Jünglinge ohne Mondlicht? Wie käme Simone Buchholz' Heldin ohne Mond durch ihre langen Nächte? Und wie musikalisch armselig lebten wir alle ohne das »Abendlied« von Matthias Claudius?

»Der Mond findet nicht statt hier«, meckert es bei Tina Uebel. Vielleicht stand er nur einfach mal nicht über Volksdorf. Dauernd wechselt er Gestalt und Agenda. Steigt schneller auf und ab als der HSV; bleibt werbefrei; mopst sich Rühmkorfs Tintentoga; macht tagelang blau. Kurz: Er ist kein Idealhamburger.

Aber wenn er dann auftaucht, über den Kränen der Hafencity oder über Wandsbek-Markt, wenn sein Licht durch eine Baulücke fällt und jede Reklame aussticht, werden selbst die härtesten Kiezgänger romantisch und himmeln dieses wilde Stück Hamburg an, das allen gehört und unerreichbar ist außer in Gedanken.

Und manche – mehr, als Sie denken! – laufen still nach Haus und schreiben ihre Gedanken auf. ✕

📖 **Nr. 32**
timeanddate.de/mond/deutschland/hamburg

Nefeli Kavouras
Autorin

NACHTBLAU MIT GLÜHBIRNEN: DAS NACHTASYL

↳ **Erleben**

Es war ein DJ-Abend, als ich das erste Mal das »Nachtasyl« betrat. Alkoholisiert und inmitten schwitzender Menschen stand ich dort, guckte hoch, bestaunte die hängenden Glühbirnen vor der hohen nachtblauen Decke und dachte: Das wird dem Raum irgendwie nicht gerecht. Verliebt habe ich mich erst später ins »Nachtasyl«, auf einer Literaturveranstaltung. Ich kenne zu dem Ort leider keine Anekdoten von alteingesessenen Autorinnen und Autoren. Der Ort lebt für mich im Gegenwärtigen und ich kann mit Gewissheit sagen: Das »Nachtasyl«, das ist der Ort, an dem Literatur am Schönsten ist. Man betritt dieses dunkle Blau, die Kulisse ähnelt einer Arena der Moderne, aus dem Fenster hört man manchmal Möwen kreischen. Man zündet sich im Raucher-Aquarium eine Zigarette an, fühlt sich dabei wie am Flughafen. Ich kenne kaum einen Ort, der mich so zum Verweilen einlädt. Ich verbrachte schon Stunden mit Literaturlauschen, Biertrinken, im Gesprächverwickeltsein am Tresen.

Das ist die Bühne, die ich mir für Literatur wünsche. Und tatsächlich gab es, seitdem ich das »Nachtasyl« wieder für mich entdeckte, einige Aftershowmomente nach Literaturpremieren, die ich mit Einzelnen tanzend und alkoholisiert verbrachte, dabei immer die Glühbirnen und das dunkle Blau bestaunend. ✕

📖 **Nr. 33**
Alstertor 1–5, 20095 Hamburg, nachtasyl.de

ZUHAUSE: DIE BRÜCKE 10
↳ **Flanieren**

»Wie ist das bloß möglich?«, dachte sie, als sie vor vielen Jahren zum ersten Mal hier saß. »Wie ist das möglich, mitten in der Stadt gibt's Schiffe.« Wie die Landmaus aus dem Märchen war sie sich vorgekommen, als sähe sie zum ersten Mal die weite Welt.

Stundenlang, fast jeden Tag, kam sie hierher, staunte, zählte Container und Schlepper und Barkassen. »Krach, Wumms, Krach«, schallte es von Blohm + Voss hier rüber, Zigarette und Kaffee im Pappbecher, nach rechts gucken, immer weiter Richtung Wasser, wo es breiter wird. Möwen. Mitten in der Stadt Möwen statt Tauben, Beine baumeln lassen überm Hafenbecken, spüren, wie die Brücke sich bewegt.

Und heute? Immer, wenn sie Sorgen hat, kommt sie hierher. Immer, wenn sie lange fort war, kommt sie hierher. Immer, wenn das Herz ihr überläuft, kommt sie hierher. Der Fluss kennt all ihre Geheimnisse. Ihre Sorgen sind von hier in Richtung Nordsee geschwommen. Wenn ihr die Worte stocken, kommen sie hier verlässlich mit der Tide an.

Wie beschreibt man diesen Ort? »Freiheit« – klingt so blöd. »Das Herz geht auf« – ganz schlimmer Kitsch. »Zuhause« – ja, das passt. ✕

📖 **Nr. 34**
Landungsbrücken, 20359 Hamburg

Rasha Khayat
Autorin

I'LL TAKE YOU TO THE KANDIE SHOP
↳ **Verweilen**

Wenn mir ein Ort wichtig ist, erzähle ich eigentlich nur engen Freund*innen davon; immer jagt die Gentrifizierungsangst, dieser Ort könnte hip, überrannt und bis auf die Grundmauern wegkonsumiert werden, wie es mit den schönsten Orten St. Paulis längst geschehen ist. Und dann ist's da nicht mehr schön, dann fahren da plötzlich Porsches und Agenturleute essen Austern. Man braucht nur einmal über die Reeperbahn zu gehen, um zu verstehen, wie ein Kiez verspekuliert und totkonsumiert wurde.

ACH SO?

Kapitalismuskritik hat in Hamburg Geschichte: Zwischen Hamburgensien, Schulbüchern, Landkarten und den Werken von Friedrich Engels fand sich 1867 in der Vorschau des Otto Meissner Verlags ein späteres Weltkulturerbe: »Das Kapital« von Karl Marx erlebte in der Bergstraße 26 unweit des heutigen Rathauses seine Erstveröffentlichung und ging von dort um die ganze Welt. Heute erinnert eine Plakette an die geschichtsträchtige Publikation.

Trotzdem möchte ich diesen Raum hier nutzen, um ein Café aus meiner Nachbarschaft vorzustellen. Schreibende brauchen Orte, an denen sie sich zerstören können und Orte, an denen sie sich zurückziehen und wieder aufrichten können. Und das Aufrichten geht im »Kandie Shop« vor allem so gut, weil wir uns hier zu Hause fühlen, über unsere Tassen und Laptops, Notizbücher oder die Zeitung gebeugt, ringen wir um Haltung und Position, um klare Kante. Wir helfen uns aus der Plotklemme, trösten uns nach verlorenen Schlachten, hissen wieder die Segel. Der »Kandie Shop« ist für uns mehr als ein Café, es ist ein sicherer Ort und eine extrem bunte Tüte. ✕

Nr. 35
Wohlwillstraße 16, 20359 Hamburg,
itslikekandie.de

Karen Köhler
Autorin

NICHT WEGZUDENKEN: DER JÜDISCHE SALON

↳ **Erleben**

Jüdisches Leben am Grindel – lange, viel zu lange war es öffentlich nicht präsent. Das änderte sich im Januar 2008, als Sonia Simmenauer mit Unterstützerinnen und Unterstützern das »Café Leonar« eröffnete und den Verein »Jüdischer Salon am Grindel« gründete. Heute befindet sich das Café mit dem Veranstaltungsraum unter einem Dach. Ziel dieses besonderen Veranstaltungsorts ist es, jüdische Kultur und Tradition im weitesten Sinne zu fördern, darzustellen und zu vermitteln. Diese wichtige und nicht mehr wegzudenkende Institution am Grindelhof hat es geschafft, dem ehemals jüdisch geprägten Viertel einen Teil seiner Identität wiederzugeben. Die Schwerpunkte liegen sowohl auf ausgewählter Literatur, jüdischer Musik und Psychoanalyse als auch auf jüdischer Religion. Pro Monat finden zwei bis drei Veranstaltungen aus den vielen unterschiedlichen Bereichen statt – alle vortragenden Gäste haben entweder durch ihre Werke oder persönlich einen jüdischen Bezug und somit haben die vielfältigen Themen ein gemeinsames Motiv. Nie werde ich den Käsekuchen vergessen, den Sonia Simmenauer am Anfang im Café noch selber buk. ✕

📖 **Nr. 36**
Grindelhof 59, 20146 Hamburg,
salonamgrindel.de

Stephanie Krawehl
Buchhändlerin, Lesesaal

Nils Mohl
Autor

TIEF IM OSTEN: JENFELD
↳ **Flanieren**

Jenfeld, Billstedt, Hamm und Horn erschuf der liebe Gott im Zorn. So ein Klassiker über den Ostrand Hamburgs. Jenfeld erlangte 2005 landesweit Bekanntheit, als die siebenjährige Jessica unter den Augen ihrer Eltern hier verhungerte. In einem der Plattenbauriegel, die das Bild des Stadtteils zur Hälfte prägen. Sozialer Brennpunkt seit den Achtzigern. Das künstliche Herz: ein Einkaufszentrum mit mehr und mehr Discountern. Zur Spitze gehört Jenfeld stadtweit immer bei Kriminalität, Ausländeranteil, Armut. Es gibt sieben Schulen, kein Gymnasium. Dafür die »Arche«, Anlaufstation für Kinder aus prekären Verhältnissen, außerdem ein Fußballleistungszentrum, den Tierfriedhof und das Moor, Zuhause einiger Fischreiher. Das ist die andere Hälfte Jenfelds: Einzelhäuser aus der Vorkriegszeit, Tempo-30-Zonen und ein wenig Industrie. Gastronomisches Glanzlicht: ein Eiscafé an der Ausfallstraße zur Vorstadt.

Wenn man sich mit jedem der rund 26.000 Einwohner nur eine halbe Stunde unterhalten würde, wäre man 1½ Jahre beschäftigt. Ohne Pause, ohne Schlaf. Aber so lange bleiben Besucher eher nicht, tief im Osten, wo einem beim Herumstreunen Gesichter und Gebäude immer wieder Geschichten ganz eigener Poesie erzählen. ✕

📖 **Nr. 37**
Jenfeld, hamburg-jenfeld.de

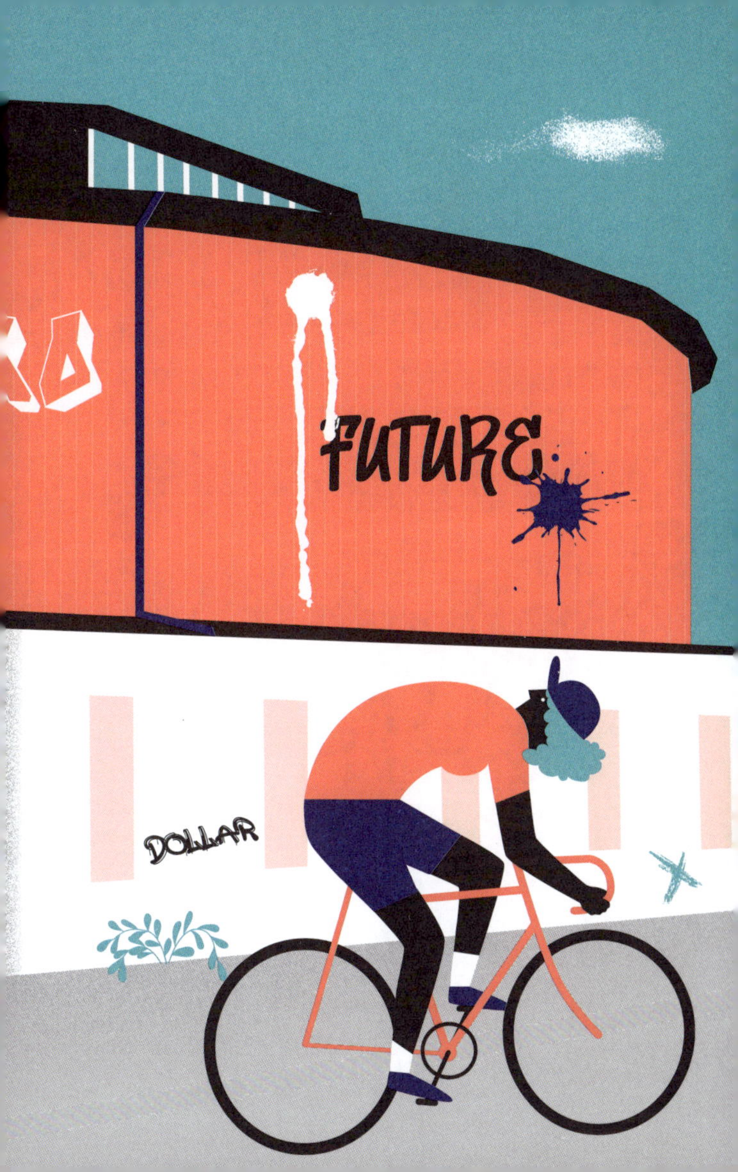
FUTURE
DOLLAR

Eva Müller
Comic-Zeichnerin

COMICS IM SOUTERRAIN: STRIPS & STORIES

↳ **Mitnehmen**

Irgendwann war ich auf dem »Comic-Salon« in Erlangen. Es ist schon Jahre her, denn ich war noch Studierende. An einem Nachmittag tauchte ein netter Mensch an unserem Stand auf. Er erzählte, dass er gerade aus Kanada zurückgekehrt sei und nun in Hamburg einen Comicladen eröffnen möchte. Ich dachte: »Puhhhh, das wird schwer, Hamburg ist nicht Berlin.« Sagte aber: »Viel Erfolg.« Als eingefleischte Pessimistin vergaß ich das Ganze wieder. Mein Pessimismus wurde glücklicherweise eines Besseren belehrt. Der nette Mensch, Hans Ebert, eröffnete den Laden, seine Geschäftspartnerin Gesine Claus kam sehr kurz darauf mit ins Boot und beide feierten 2020 mit ihrem Laden zehnjähriges Jubiläum. Obwohl »Strips & Stories« unter der Straße St. Paulis liegt, möchte man den Laden nicht gerne verlassen. Hier gibt es die besten Geschichten, die tollsten Comicbücher, Zines aus aller Welt, nette Gespräche und kompetente Beratung. »Strips & Stories« ist mehr als ein toller Laden. Das vielfältige, von Hans und Gesine organisierte Kulturprogramm macht die Comicbuchhandlung zu einer echten Bereicherung für die Literaturszene. Aufgrund solcher Orte denke ich kaum noch »Hamburg ist nicht Berlin«. ✕

📖 **Nr. 38**
Wohlwillstraße 28, 20359 Hamburg, strips-stories.de

STAMMPLATZ IM ECK: DAS MEISENFREI
↳ **Verweilen**

Am Abend des 17. März 1994 saß ich zum ersten Mal im »Meisenfrei« und wusste sofort: Wenn es mit der Wohnung etwas werden sollte, die wir uns zuvor ums Eck angesehen hatten, würde das fortan meine Stammkneipe sein.

Bis heute habe ich darin mit meinem Verleger neue Buchprojekte anvisiert und mit meinem Lektor Manuskripte diskutiert. Da der Ton am Tresen ebenso heiter wie unmissverständlich ist, habe ich auch immer wieder etwas aufge-

schnappt, das ich in diesem oder jenem Text gut gebrauchen konnte – vielen Dank!

Fränkie, der Wirt, zapft nach alter Tradition, also mit viel Zeit, und auch sein Musikgeschmack ist über Jahrzehnte meisenfrei geblieben. Die »Meise«, wie sie unter Kennern genannt wird, ist ein Fels in der Brandung der Gentrifizierung, die auch unser Viertel heimgesucht hat.

Längst habe ich meinen Stammplatz im Eck gefunden, und natürlich habe ich ihn längst als Schauplatz eines Romans im Kopf. Es saßen auch schon mal der Reihe nach 14 meiner Freunde darauf und lasen ihre Lieblingsgedichte vor; daraus entstand eine Video-Serie »Gedichte, die in jede Kneipe passen«. Fränkie war mit von der Partie; sein Lieblingsgedicht, wen wundert's, heißt »Leeres Glas«. ✕

📖 **Nr. 39**
Eppendorfer Weg 75, 20259 Hamburg,
meisenfrei-hamburg.de

Matthias Politycki
Autor

Katrin Weiland
Programmleiterin, literatur altonale

WUNDERSAMES KRAFTFELD: DAS THALIA IN DER GAUSSSTRASSE

↳ **Erleben**

Die Bühne mag offiziell die in Altona zwischen Mietshäusern auf einem ehemaligen Industriehof urban-idyllisch gelegene und ziemlich gut versteckte Dependance des innerstädtischen Mutterhauses sein, für mich persönlich ist sie ein extrem atmosphärischer, lässiger, geradezu idealer Literaturort. Irgendwie scheint dort ein Kraftfeld gespannt zu sein, das auf wundersame Weise das Publikum mit einer besonderen Aufmerksamkeit und Geneigtheit elektrisiert. So in jedem Fall mehrfach selbst erlebt! Woran das liegen könnte? Vielleicht an dem seit Jahren mit Energie und Leidenschaft gefütterten Genius Loci, an der Begeisterung und Offenheit für neue Formate und Stücke, für junge Autor*innen und Regisseur*innen und fürs Leben überhaupt (zum Beispiel: »Embassy of Hope – Café International«). Hier konnten wir glücklicherweise im Kontext der »literatur altonale« und in enger Kooperation mit dem Haus das Format »book.beat« entwickeln. Eine Umarmung auf zwei Bühnen von Song und Text, von Literatur und Musik, von Pop und Poesie made in Hamburg. Hier springt der Funke noch unverloschen bis in die letzten Reihen. »book.beat« ist so sehr mit diesem Ort verwachsen, eine Translokation undenkbar. ✕

📖 **Nr. 40**
Gaußstraße 19⊙, 22765 Hamburg, thalia-theater.de

Alexander Posch
Autor

ZUM SPRUNG BEREIT: AM WANDSBEKER MARKT

↳ **Besinnen**

Mein Schulfreund Kai kommt vom Berliner Tor, ich aus Rahlstedt. Mittig treffen wir uns. Jeden Mittwoch sitzen wir am Matthias-Claudius-Denkmal. Es zeigt Claudius, wie er über eins seiner elf Kinder springt. Ich selbst habe nur drei Kinder. Wie oft habe ich ihnen sein »Abendlied« vorgesungen. Der Mond ist aufgegangen und so weiter.

Hinter dem Denkmal liegt der Busbahnhof und dahinter ragt der Turm der Christuskirche hervor. Meine Taufkirche. Als Student habe ich um die Ecke gewohnt. Ich bin ein Hamburger Ossi. Doch der Osten hat sich verändert. Er ist bunter geworden.

In der Coronazeit beobachteten Kai und ich, wie das Leben zurückkehrte. Erst saßen nur wir zwei da. Dann kamen die Wohnungslosen, in den Wochen darauf alle anderen: jugendliche Skater, Handwerker, Freundinnen, Gassigeher. Jetzt flanieren wieder Menschen über den Platz vor der »Bar Celona«, Buden sind aufgebaut und wir sprechen über die Krise, das Leben und über gemeinsame Projekte.

»Es reicht nicht, die Dinge nur zu denken«, sage ich. »Man muss die Dinge auch spüren, um sie zu verstehen.« Ich gehe zu Claudius, fasse ihn an und fühle mich zum Sprung bereit. ✕

📖 **Nr. 41**
Wandsbeker Marktplatz, 22041 Hamburg, wandsbek.de

DER ERSTE LITERATURSTAR: DAS KLOPSTOCK-HAUS

↳ **Besinnen**

Wenn ich auf meinem literarischen Spaziergang an diesem Haus vorbeikomme, staunen die Teilnehmer*innen. Tatsächlich, die Büste über dem Eingang, der Name an der Wand weisen darauf hin: Hier wohnte Friedrich Gottlieb Klopstock mehr als 30 Jahre bis zu seinem Tod 1803. Das Originalgebäude wurde zwar abgerissen, den stuckverzierten Salon jedoch kann man im Museum für Hamburgische Geschichte besichtigen.

Sein »Messias« machte den Dichter berühmt. Er kreierte eine empfindsame Sprache des Gefühls, ebenso kunstvoll wie künstlich. Für uns klingt die weihevolle Redeweise fremd, doch schon damals fiel es leichter, ihn zu verehren als zu lesen, wie der fünf Jahre jüngere Lessing in seinen »Sinngedichten« beklagt: »Wer wird nicht einen Klopstock loben? / Doch wird ihn jeder lesen? – Nein. / Wir wollen weniger erhoben, / Und fleißiger gelesen sein.« Klopstock war der erste Star der bürgerlichen deutschen Literatur. Seinen Trauerzug von der heutigen Poststraße bis zur Christianskirche in Ottensen sollen 25.000 Menschen begleitet haben. ✕

📖 **Nr. 42**
Poststraße 36, 20354 Hamburg

Vera Rosenbusch
Literaturperformerin,
Hamburger Literatur Reisen

FRIDERICUS THEOPHILUS
KLOPSTOCK

denen
chuh
Zum Goldenen
Handschuh
Honka-Stube
Zutritt unter 16 Jahren
verboten
HOLSTEN
BECK'S
UHR MORGENS

Michaela Rommel
Bibliothekarin, Zentralbibliothek

AUF EINEN KURZEN: ZUM GOLDENEN HANDSCHUH

↳ **Verweilen**

Anfang der neunziger Jahre landete ich im »Goldenen Handschuh«. Meine Mitbewohnerin studierte Sozialpädagogik und wollte auch mal andere Leute kennenlernen als die, die sie so kannte. Da sie nicht allein in uns bis dahin suspekte Kneipen gehen wollte, bat sie mich um Begleitung. Ich war skeptisch, sagte aber zu und wurde positiv überrascht: Wir wurden freundlich aufgenommen und bekamen gleich am ersten Abend viele Geschichten erzählt (wie viele von diesen auch wahr waren, werde ich wohl nie erfahren). Nach einigen weiteren Besuchen wurden unsere bevorzugten Biersorten ungefragt serviert, wir unterhielten uns stundenlang am Tresen und hörten nun auch die Geschichten über den Frauenmörder Fritz Honka (das Schild »Honka-Stube« befand sich damals noch nicht über dem Eingang).

Lange war ich nicht mehr dort und wurde erst 2016 durch das Buch von Heinz Strunk an die Kneipe erinnert. Wie ich hörte, gab es vor allem durch die Verfilmung plötzlich ein touristisches Interesse an der Kneipe, es musste wohl sogar ein Türsteher eingestellt werden – kaum vorstellbar! Ob das immer noch so ist? Vielleicht sollte ich mal wieder auf ein Bier und einen Kurzen reinschauen? Vielleicht kommen Sie mit? ✕

📖 **Nr. 43**
Hamburger Berg 2, 20359 Hamburg, goldener-handschuh.de

MIT RÜHMKORF UNTERWEGS: DIE RINGELNATZTREPPE
↳ **Flanieren**

Als wir 1989 aus der Provinz nach Hamburg kommen, sind die DDR-Autoren schon da. Wolfgang Hegewald, der bleibt, Uwe Kolbe, der wieder geht, Ulrich Schacht, der weiter zieht nach Schweden in sein Exil.

Hamburg sei die schönste Stadt der Welt, ist der Satz, der uns fortan fröhlich und irritierend begleitet.

Peter Rühmkorf ruft an und fragt nach dem Aufsatz über Arthur Koestler. Ich schnappe mir mein Fahrrad und mache mich auf den Weg nach Övelgönne. Im Hohenzollernring bei Wolf Biermann und dann in der Elbchaussee an ein paar unachtsamen Ameisen vorbei, den Schulberg hinunter.

Wir plaudern über »Phönix voran«, Jazz und Lyrik vor dem Rathaus, die tägliche Flaschenpost mit Horst Janssen die Elbe runter und hoch, das »Volksvermögen«, Ringelnatz, den Bewunderten. Schön, aber irgendwie auch betulich. Wieder zu Hause, lese ich bei Rühmkorf nach: »20 Uhr 15 und später: milde Luft, schon wieder fünf Grad plus, ein längerer Spaziergang mit den Freunden an der Elbe lang, an Teufelsbrück

ACH SO?

Sie sind einfach dort geblieben, wo ihnen die Beine versagten: Über zwei Ameisen mit Fernweh, die nur bis Altona und nicht ganz nach Australien gelangen, schrieb Joachim Ringelnatz in seinem Gedicht »Die Ameisen«. Als Matrose reiste er um die Welt und kam für einige Jahre auch nach Hamburg, wo seine Ameisen 2014 in Bronze gegossen wurden. Mehrfach ist die Skulptur seither aus der Liebermannstraße gestohlen worden – bisher tauchten die vernünftigen Ameisen aber immer wieder auf.

vorbei, Othmarschen, den rheumatischen Kastanien im Zugwind (28 schiefe Schultern, kameradschaftlich in Reih und Glied), der Ringelnatztreppe, die Övelgönne runter, Himmelsleiter, Schulberg, Lüdemanns Weg, Neumühlen, Kühlhaus, dann schräg rechts über die Geleise rüber zu den Kaianlagen mit dem offenen Blick auf das illuminierte Lüfterbauwerk Süd, könnte man da nicht fast zum Heimatautor werden?« So mag es sein. ✕

Nr. 44
Hans-Leip-Ufer, 22605 Hamburg

Stephan Samtleben
Buchhändler, Buchhandlung Samtleben

EIN HAUCH VON ANARCHIE: DIE ZENTRALBIBLIOTHEK

↳ **Erleben**

Der magische Ort meiner Kindheit war unsere Gemeindebibliothek, in der ich nie auch nur einmal jemand anderen antraf. 30 Jahre später begann ich, die Zentralbibliothek am Hühnerposten zu meinem gelegentlichen Arbeitsplatz zu machen, und obwohl die in ihrer Riesigkeit mit der Winzigkeit ersterer kontrastierte, fand ich etwas von der Magie wieder.

Die Bücherhallen, und insbesondere die Zentralbibliothek, sind so etwas wie die Probe auf eine bessere Welt. Die Türen stehen auf, jeder Mensch kann hereinspazieren und, auch ohne Nutzerausweis, sich eine Zeitung nehmen, ein Buch, es sich bequem machen und lesen: ein knittriger Hagerer, der sein Leben in Plastiktüten mit sich führt, kauert vor einem Buch, den Zeigefinger an den Zeilen, stumm buchstabierend. Eine Seniorin in der Cafeteria, streng bringt sie einem jungen Syrer hamburgisches Deutsch bei, zwei bauchnackte Mädchen, Kaugummi kauend, stöhnen über dem »Abiturwissen Mathematik«, sauber gebügelte Altherren, lässig im Sessel sich drehend, blättern in ausländischen Tageszeitungen. Alles ist für alle da. Gäbe es keine Hausordnung, würde ich fast sagen: Es weht ein Hauch von Anarchie. ✕

📖 **Nr. 45**
Hühnerposten 1, 20097 Hamburg,
buecherhallen.de

Katrin Seddig
Autorin

Nicole Seifert
Literaturkritikerin, Nacht und Tag

DIE ELBE ALS ZWISCHENREICH: TEUFELSBRÜCK

↳ **Flanieren**

Fährt man die Elbchaussee stadtauswärts, geht es hinter Othmarschen bergab und man ist in Teufelsbrück, wo der Bach Flottbek einmal von einer Brücke überspannt wurde, bei deren Bau es mit dem Teufel zugegangen sein soll. Brigitte Kronauer schreibt in ihrem gleichnamigen Roman: »Am Ufer von Teufelsbrück liefen die Wellen laut und schräge gegen die Ufersteine. Schloss man die Augen, klang es wie das Meer oder eine Maschine unter dem Wasser.« Bei Kronauer ist der Ort symbolisch aufgeladen, die Elbe ein Zwischenreich zwischen der profanen, sicheren Welt am nördlichen Ufer und der Welt voller Verlockungen und Geheimnisse am südlichen.

Tatsächlich ist Teufelsbrück ein Ort der Gegensätze, an dem es zu verweilen lohnt. Auf den ersten Blick nur ein kahler Platz, ein Transit-Ort zwischen Bushaltestellen und dem Fähranleger, sind da auch der pittoreske kleine Hafen und die »Dübelsbrücker Kajüt« mit Tischen direkt am Wasser. Auf der anderen Elbseite liegen in der einen Richtung die Industriekräne des Hafens, in der anderen die Obstbäume des Alten Landes, und in der Fahrrinne nähert sich ein monströses Containerschiff, während dicht am Ufer Kinder im Wasser planschen. ✕

🗺 **Nr. 46**
Elbchaussee / Baron-Voght-Straße, 22609 Hamburg

↳ Verweilen

REIZ UND RISIKO:
DAS LICHTHOF THEATER
↳ **Erleben**

In Deutschland gehen wir meist davon aus, dass sich kulturelle Veranstaltungsorte im Erdgeschoss befinden. Das muss allerdings nicht so sein. Das »Lichthof Theater« in Bahrenfeld ist Hamburgs vielleicht schönster Gegenbeweis. Hier geht es nicht um Bücher. Hier geht es um das gesprochene Wort. Hier bekommt die Literatur einen Körper.

In Hamburg ansässige Theatermacher*innen, Autor*innen und Performance-Kollektive zeigen am »Lichthof Theater« ihre Arbeiten, aber die Bandbreite des Programms reicht weit über die Hansestadt hinaus.

Theater ist Live-Kunst. Digitale Formate können das Theater zwar bereichern, aber nicht ersetzen. Theater entsteht erst durch das Zusammenspiel von Kunst, Ort und Publikum – und von vielen anderen, oft nur schwer kontrollierbaren Faktoren (Fehlerquelle Mensch). Theater lebt vom Risiko, dass etwas anders läuft als geplant. Genau das macht am Ende seinen Reiz aus. Zwei Vorstellungen gleichen einander nie bis aufs Haar. Wer noch nicht das Experiment gemacht hat, zwei verschiedene Vorstellungen von derselben Produktion zu sehen, sollte das nachholen. Vielleicht ja am »Lichthof Theater«? ✕

📖 **Nr. 47**
Mendelssohnstraße 15, 22761 Hamburg,
lichthof-theater.de

Ulrike Syha
Dramatikerin

GRETAS PAVILLON:
DIE BÜCHERSTUBE STOLTERFOHT

↳ **Mitnehmen**

Ein Freundschaftsdienst für Greta: 1948 baute der
Architekt Werner Kallmorgen einen kleinen, hölzernen
Verkaufskiosk, die »Buchhandlung Greta Stolterfoht«.
Klare Formen, große Fenster, kein Luxus – es ging allein
um Bücher. Eigentlich sollte es nur ein Provisorium sein,
doch Bücher gibt es dort noch heute, handverlesen von
Frank Bartling, der das Geschäft von Gretas Töchtern

übernahm. Hier reihen sich literarische Perlen aneinander, auch Kulturgeschichte und kunstvolle Kinderbücher sind zu finden. Dann und wann betritt ein Nachbar, Autor, Schauspieler oder Wissenschaftler den Raum und holt eine Portion Lesefutter ab. Aber auch jeder, der einfach gern ein richtig gutes Buch liest, wird hier fündig. Wer eintritt, kann nach Herzenslust blättern, der Buchhändler verbirgt sich dezent hinter seinem vollen Tisch. Doch wer nach Rat fragt, der bekommt begeisterte Leseempfehlungen. Die »Bücherstube Stolterfoht« ist eine Insel zum Innehalten am Rande der brausenden Rothenbaumchaussee. Auf Dekoration und Schnickschnack verzichtet der Laden völlig, man frönt dem rein bibliophilen Vergnügen. Nicht nur von außen scheint Gretas Pavillon wie aus der Zeit gefallen – welch ein Glück. ✕

Nr. 48
Rothenbaumchaussee 100, 20149 Hamburg,
genialokal.de/buchhandlung/hamburg/
stolterfoht

Carolin Vogel
Leiterin Dehmelhaus

Till Raether
Autor

HIGHSMITH UND HOPPER AM FLUSS: DIE STRANDPERLE
↳ **Verweilen**

Als ich nach Hamburg zog, sagten meine Freunde zur Begrüßung, wir träfen uns nachher »an der Strandperle«. Als müsste ich wissen, was und wo das ist: ein Kiosk am Elbstrand in Övelgönne, mit einem Unterstand gegen den Regen oder manchmal die Sonne. Als ich dran war mit Bierholen an der Verkaufsklappe, wusste ich plötzlich, wodurch mir die »Strandperle« vertraut war: Sie ist einer der Drehorte von Wim Wenders' Patricia-Highsmith-Verfilmung »Der amerikanische Freund« von 1977, mit Bruno Ganz und Dennis Hopper. Seitdem ich schreiben wollte, ist Patricia Highsmith mein Vorbild, und es berührt mich, dass mein Wohnort Hamburg, an dem ich all meine Bücher geschrieben habe, Kulisse dieser Version einer ihrer Geschichten ist. Durch Highsmiths Serienhelden Tom Ripley (Hopper) ist ein unschuldiger Familienvater vom Fischmarkt (Ganz) in kriminelle Komplotte geraten. An der »Strandperle« erhält er einen Mordauftrag, den er nicht ablehnen kann. Ich komme oft hier vorbei, denn an der »Strandperle« gibt es die besten Fischbrötchen und den schönsten Blick auf Containerschiffe. Und dann denke ich an Patricia Highsmith und daran, wie sich an diesem Ort das Schöne und das Düstere, Lebensfreude und Todesangst überlagern, und wie inspirierend das ist. ✕

📖 **Nr. 49**
Övelgönne 60, 22605 Hamburg, strandperle-hamburg.de

BEGEGNUNG MIT EINEM ENGEL: DIE LOMBARDSBRÜCKE

↳ **Flanieren**

Es ist nur ein Katzensprung von mir bis zu dem Grundstück in der Brahmsallee, wo das Elternhaus von Hans Erich Nossack stand. 1943 brannte es nieder. Eine Lücke zwischen den Häusern ist dort erstaunlicherweise bis heute. Die Möwen zischen hier nach wie vor mit schiefem Kopf durch den Zwischengang rüber zu den Grindelhochhäusern, um zu erspähen, ob es irgendwo etwas gibt.

Heisere Schreie erzeugen Fernweh und Heimatgefühl zugleich. Nossacks Text »Der Untergang« über die Bombardierung der Stadt bleibt eines der wenigen literarischen Zeugnisse von Rang über den Krieg in Hamburg. Vom Grindelviertel ist es ein Spaziergang zur Lombardsbrücke, dem Angelpunkt einer kleinen Geschichte, die Nossack 1972 für ein »Merian«-Heft verfasst hat. Nossack hat die Brücke zu einem Gedankenort gemacht, an den man gehen kann, um sich zu vergewissern, wo man steht: »Eines Tages kam ein Engel nach Hamburg. Man sollte es nicht glauben.« Er hat sich oft über Hamburg geärgert, den Kaufmannsgeist, den Hochmut der »Geborenen« und diese undefinierbare Provinzialität bei gegaukelter Weltoffenheit. Ungewöhnlich ist der fast märchenhafte, versöhnliche Ton im Gespräch mit dem Engel auf der Lombardsbrücke. Die Erzählung endet: »Und weg war mein Engel, wie das so die Gewohnheit bei Engeln ist.« Für mich sitzt er bei Bedarf noch da.

Nr. 50
Lombardsbrücke, 20354 Hamburg

Annemarie Stoltenberg
Literaturkritikerin, NDR

SENATOREN MIT S-TEIFEN HALSKRAUSEN: DAS RATHAUS
↳ **Erleben**

»Mein Hamburg ist nicht das von ehrwürdigen Kaufleuten, Kindergärtnern oder Kultursenatoren. Dem Kredit ziehe ich die Stadtneurose allemal vor«, so schrieb ich einmal. Aber allen Klischees, auch eigenen, zum Trotz: Die schönsten Literaturveranstaltungen habe ich im Hamburger Rathaus erlebt. Zum Beispiel, als ich 1995 eine Laudatio auf Ginka Steinwachs halten durfte, die mit dem Hubert-Fichte-Preis ausgezeichnet wurde; in ihrer »rosa Prosa« »G-L-Ü-C-K« hat sie den Namen der Stadt als Anagramm zu »Amour GmbH« umgedeutet.

In Ginkas Roman »marilynparis« erteilt Jacques Lacan in einem Pariser Speiselokal den Umstehenden seinen Segen: »der phallus ist ein signifikant«. Mein Lesepult im Bürgermeistersaal stand vor dem Gemälde Hugo Vogels, das auf drei mal fünf Metern den Hamburger Senat 1897 in feierlicher Amtstracht beim Einzug ins neue Rathaus zeigt. Ich unterbrach meinen Vortrag und deutete auf das Bild: War es nicht immer mein Traum gewesen, diesen Satz vor einer Schar prächtig erigierter Herren in ihren s-teifen s-panischen Halskrausen – jede wog 35 Kilogramm! – zu deklamieren? Weil's so schön war, zitierte ich gleich noch einmal: »der phallus ist ein signifikant.« Der Rest war Heiterkeit. ✕

📖 **Nr. 51**
Rathausmarkt 1, 20095 Hamburg,
hamburg.de/rathaus

Regula Venske
Autorin

BLÜTENPRACHT UND ZAUBERBLUMEN: DAS WOHNHAUS VON FRITZ J. RADDATZ
↳ **Besinnen**

Ende Oktober 1991 zog Fritz J. Raddatz aus seiner Wohnung am Leinpfad auf die gegenüberliegende Alsterseite in sein »kleines Schloss« Heilwigstraße 104. Erdgeschoss und Souterrain streng getrennt in Leben und Arbeiten. Unten schrieb er, Kommentare, Rezensionen und Bücher über Benn, Heine und Tucholsky; oben residierte er zwischen Bildern, Skulpturen und Tiffany-Lampen, Beckmann und Dix, eine prächtige Skulptur von Alfred Hrdlicka stand im Garten zur Alster.

Und auch wenn der Hausherr klagte, die Zeiten der großen Empfänge mit Heiner Müller und Stephan Hermlin, Inge Feltrinelli und Gabriele Henkel, Siegfried Lenz und Uwe Johnson, Rudi Dutschke und James Baldwin seien vorbei, stimmte das nicht ganz. Etwa im Frühjahr 1993 kamen hier anlässlich eines Besuchs von Susan Sontag in Hamburg Paul Wunderlich, Günter Grass, Peter Rühmkorf, Rolf Hochhuth und einige mehr zu einem »SEHR schönen, farbigen Abend in Blütenpracht, Zauberblumen in der Wohnung, herrlichem Buffet und Gästen, die sich offenbar gut mischten« zusammen, wie Raddatz im Tagebuch notierte.

Die Kunst aus Haus und Garten wollte Raddatz dem Museum für Kunst und Gewerbe vermachen, es hätte wohl für ein eigenes kleines Museum gereicht. Allein das MKG wollte nach einem Führungswechsel ein solches Geschenk nicht mehr und die Sammlung ist heute in alle Winde zerstreut. ✕

Nr. 52
Heilwigstraße 104, 20249 Hamburg

Tilman Winterling
Rechtsanwalt und Blogger, 54books

ZUFALLSFUNDE IM AUSLEIHZENTRUM: DIE STAATS- UND UNIVERSITÄTSBIBLIOTHEK

↳ **Erleben**

Dort, wo Bücher nicht thematisch, alphabetisch oder sonst durchschaubar, sondern nach Anschaffungsreihenfolge sortiert sind, herrscht der Zufall oder das Schicksal – je nachdem, woran man glaubt. Da folge ich im Ausleihzentrum der »Stabi« der vorher recherchierten Signatur zum Sammelband, zum Handbuch oder zur Monografie und auf dem Weg, vielleicht genau zwischen dem »Glossar sozialpolitischer Grundbegriffe« und »Straftaten gegen Vermögenswerte«, springt mir ein Romantitel ins Auge und so landet mindestens ein Buch mehr als geplant im durchsichtigen Plastikkorb. Die Unvorhersehbarkeit dieser Unibibliotheksbesuche schätze ich, weil ich immer auf etwas stoße, was ich gar nicht wissentlich gesucht habe.

Im SB-Bereich steht natürlich nur ein Bruchteil des gesamten Bestandes der Staats- und Universitätsbibliothek. In diesem Kosmos kehre ich in ein Studiumslebensgefühl zurück, wenn ich, die Tasche in

ACH SO?

»Ich bin weder romantisch noch süßduftend. Ein anständiger Fluss stinkt«, sagt die Elbe in »Draußen vor der Tür«. Wolfgang Borchert, der ihr diese Worte in den nassen Mund legte, traf mit seinem Hörspiel 1947 den Nerv der Zeit. Ida Ehre, die Intendantin der Hamburger Kammerspiele, überzeugte Borchert, es für die Bühne umzuschreiben. Der junge Autor starb einen Tag vor der Uraufführung und hinterließ seinen Nachlass mitsamt Schreibtisch der Staats- und Universitätsbibliothek. Das Wolfgang-Borchert-Zimmer ist dort Erinnerungs- und Dokumentationsstätte.

mit Städtenamen beschrifteten Schließfächern abgestellt, vorbei an angehenden Jurist*innen mit roten Gesetzeswälzern den Ort betrete, wo Bücher so zurückhaltend schlicht aufbewahrt werden – und doch so unumgänglich bleiben. ✕

Nr. 53
Von-Melle-Park 3, 20146 Hamburg,
sub.uni-hamburg.de

Carolin Löher
Pressesprecherin, Literaturhaus Hamburg

↳ IMPRESSUM & BILDNACHWEIS

Herausgeberinnen und Lektorat
Dr. Antje Flemming, Behörde für Kultur und Medien der Freien und
Hansestadt Hamburg, hamburg.de/bkm/literatur
Dr. Carolin Löher, Literaturhaus Hamburg, literaturhaus-hamburg.de

Gestaltung, Illustration und Herstellung
Kathleen Bernsdorf, kathleenbernsdorf.de

Fotos
Tara Wolff, tarawolff.com

Druck
Druckerei Weidmann, Hamburg, druckerei-weidmann.de

Vertrieb
Junius Verlag, junius-verlag.de

ISBN 978-3-96060-534-8
2. Auflage Dezember 2020

Fotonachweise
Orte — alle Fotos von Tara Wolff, ausgenommen S. 18 (Peter Rühmkorf):
DLA Marbach; S. 30: SHMH, Altonaer Museum, Inv.-Nr 2-6190; S. 60:
Will Roger Föll; S. 88: Alexander Tempel; S. 108: Nicolai O'Swald; S. 116
(Günter Grass, Susan Sontag und Fritz J. Raddatz 1993): DLA Marbach
Porträts — S. 5, 10, 15, 16, 53, 70, 73, 80, 110: Tara Wolff; S. 7, 12, 19, 31,
37, 40, 66, 97, 99: privat; S. 9: Dirk Skiba; S. 21: Heike Blenk; S. 22: Indra
Ohlemutz; S. 26: Bertold Fabricius, S. 29: Kiryll Faleev; S. 32: Karina Tungari;
S. 35: Gerald von Floris; S. 38: cohen & dobernigg; S. 43: Silke Hauser; S. 47,
55, 119: Gunter Glücklich; S. 48, 94: Bernd Hellwage; S. 51: Arne Vollstedt;
S. 56: Kathrin Brunnhofer; S. 58: Anna Salomons; S. 61: André Matz; S. 62:
Simone Hawlisch; S. 67: Herwig Lührs; S. 75: Avi Bolotinsky, S. 76: Umar
Timol Seifert; S. 79: Christian Rothe; S. 82: a_mo; S. 87: Thorsten Wagner;
S. 89: Alexander Tempel; S. 90: Phillis Weiland; S. 93: Miguel Ferraz; S. 100:
Carina Middendorf; S. 103: Sabrina Adeline Nagel; S. 106: Bo Lahola Photo-
graphy; S. 109: Andreas Weiss; S. 113: Beatrice Krol; S. 114: Michael Zapf;
S. 117: Marie Hochhaus

Die Orthografie der historischen Texte wurde behutsam modernisiert. Die
Verwendung gendergerechter Sprache wurde nicht vereinheitlicht, sondern
von den Beitragenden übernommen. Für die Inhalte der verlinkten Seiten
ist stets der jeweilige Anbieter oder Betreiber verantwortlich.